WAC BUNKO

安倍晋三の闘い

官邸からの報告

比留瑠比

WAC

はじめに――安倍晋三は、匍匐前進する現実主義的政治家だ！

「歴史の大きな転換点にあって、日本の明日を切り拓いていく。私はその先頭に立つ決意だ。国難とも呼ぶべき少子高齢化に立ち向かい、激動する国際情勢の荒波に立ち向かっていく。そして、七十年以上一度も実現してこなかった憲法改正にいよいよ挑戦し、新しい国造りに挑む」

安倍晋三首相は二〇一八年九月二十日、自民党総裁選で三選を果たした後の記者会見で、こう訴えました。その姿は、憲政史上最長の任期を視野に入れた大宰相というより、さながら一歩一歩確実に目指す国家像へ向かって進み続ける挑戦者のようでした。

二〇一二年十二月に第二次安倍晋三内閣が発足して以降、時代の歯車は音を立てて回り続けています。そして今回の自民党総裁選で予想通り、石破茂元幹事長にダブルスコアで勝利したことで、安倍首相はあと三年間の任期を獲得しました。この貴重な時間をぜひ生かしてほしい。

そして安倍首相が果たすべき最大の使命は、やはり現行憲法が一九四六年十一月三日に公布されて以来、初めてとなる憲法改正であるはずです。

「この問題は、これで終わらせる」

安倍首相は総裁選の最中、周囲にこう決意を示していました。「この問題」とは、自身が提唱する憲法九条の現行条文は残しつつ自衛隊を位置づける案と、石破氏が主張する「戦力の不保持」を定めた九条二項削除論との論争のことです。

安倍首相は総裁選に大勝することで、自衛隊明記案の正当性を確保し、党を一つにまとめて憲法改正の機運を高めようと考えたのでしょう。確かに、総裁選での国会議員と党員の投票行動によって、安倍政権の求心力はいや増しました。石破氏が、党員票では四五%の票を獲得したことでマスコミなどは「善戦」したと強弁しましたが、国会議員票は二割にも及んでいません。安倍首相は堂々と思うところを実行に移していくことでしょう。

確かに、二項削除論は筋論としては正しいものです。自衛隊を「戦力」と認めないいま憲法上に位置づけても、二項が存在する限り、「自衛のための必要最小限の実力」とは何かといった抽象的で曖昧な議論は残るからです。

だから自民党内外にも支持する意見は少なくないわけですが、連立を組む公明党の拒否反応が予想され、そこに拘泥《こうでい》していてはいつまで経っても憲法改正は前に進みません。公明党は憲法に足らざるものを加える「加憲」という立場をとっているので、九条の条文を維持したうえで自衛隊を明記することには、強い抵抗はないはずです。というよりも、この自衛隊明記論はもともと公明党の腹案でした。

安倍首相は「公明党がのめる案でないと意味がない」と考えていました。ただ、公明党に先にこの自衛隊明記案を示されると、自民党には別の憲法改正草案があるので、党として賛成できません。しかし、党総裁である自分がこれを提唱すれば、党内をまとめられる。

本来はもっとすっきりとした九条改正にしたいところだったでしょうが、あえて「一歩前進」を選んだわけです。この決断について菅義偉官房長官は「あの安倍晋三がよくここまで折れた」と感心していました。

安倍首相と昔から親交が深く、電話で意見を交わす間柄である台湾の李登輝《りとうき》元総統は、著書『台湾の主張』の中で自身の政治哲学としてこう記しています。

「政治家が心しなくてはならないのは、問題に直面したとき決して直線で考えないことだ。最短距離を見つけようとしてはならない。目的地への直線を引くことをやめて、必ず迂回すること、むしろ回り道を見つけだそうと務めるべきなのである。(中略)ことに目標が大きいものであればあるほど、迂回作戦が必要であり、直線的な発想はつつしまねばならない」

第一次政権当時の安倍首相は、この点で少し直線的に過ぎ、性急であったかもしれません。しかし一次政権での病気による不本意な退陣という蹉跌《さてつ》を経て、安倍首相は迂回路を進むのが上手になり、より老獪《ろうかい》になったのでしょう。

安倍首相はもともと「オール・オア・ナッシング(全てか無か)」の政治手法はとらず、少しずつでも取れるものは取れる時に取る漸進《ぜんしん》主義を貫いてきました。一次政権での教育基本法改正でも、本来は「愛国心」を書き込みたかったけれど「国を愛する態度」で妥協しました。

二次政権で成立させた集団的自衛権行使を限定容認する安全保障関連法にしても、本当はあそこまで自衛隊の行動を雁字搦《がんじがら》めに制限したくはなかったでしょうが、世論や公明党の許容限度を勘案してそうしました。

もともとの漸進主義に迂回の手法を重ねたのが、今回の自衛隊明記論ではないかと考えます。匍匐《ほふく》前進を厭《いと》わない現実主義者、安倍晋三の面目躍如《めんもくやくじょ》と言えましょう。

一方、石破氏は九月十日の総裁選立候補者の共同記者会見で、安倍首相に次のように問うていました。

「総裁が幹事長当時に言っていたことと、私どもは全く一緒だった。それがなぜ変わったのか」

安倍首相もかつては二項削除論者だったではないかと言いたいのでしょうが、この答えは分かりきったことです。公明党が受け入れられる案でなければ、国会発議に必要な三分の二議席に達せず、国民投票もできません。それは、憲法条文の是非を自分で決めるという国民の権利を奪うことになります。

それならばまずは、政府の「合憲」だとする憲法解釈に依拠してかろうじて存在が認められている自衛隊を、きちんと明文的に正当化することから始めようということです。

そのうえで、国際情勢や国民意識の変化などで必要が生じたら、改めて二項削除の憲法改正を実行すればよいのです。初めから完璧な改憲などできるものではないのですから。

安倍政権下で最初の憲法改正が成し遂げられれば、次からは国会発議や国民投票のハードルは下がります。国民に「憲法は不磨《ふま》の大典ではない。使い勝手がいいように改正すべきものだ」との認識が広まれば、この先、何度でも改正できることでしょう。

反対に、安倍政権下で改憲ができなければ、次の首相も、その次の首相もその先の首相も、莫大な政治エネルギーを費やしてまで改憲に取り組もうとはしなくなる可能性が高い。自民党内、いや政界全体を見渡しても、政治生命を賭しても憲法改正したいという人物は見当たりません。

もし安倍首相が九年間の任期中に憲法改正ができなかったとしたら、ほかの誰かにそれができるとは思えません。

自衛隊明記論を広めることが、今回の総裁選の目的だったわけではありませんが、総裁選の大きな副産物として手に入れた自案の正当性というパワーを利用し、安倍首相は残り三年間の任期内での憲法改正に邁進《まいしん》することになります。

石破氏は総裁選で、憲法への自衛隊書き込みには「緊要性がない」と言いました。そして「参院選『合区』解消」のほうが緊急性が高いと主張しました。しかし、一般国民もそう思うでしょうか。

内閣府の調査によると、二〇一五年も一八年も、国民の約九割が自衛隊を評価している。西日本豪雨や北海道地震でも多くの隊員が派遣されましたが、国民を守るために奮戦する自衛隊に対する感謝の念は強い。

私は東日本大震災が起きた二〇一一年の四月から五月にかけて、被災地である福島県いわき市の海岸部分をレンタカーで回りました。津波の痕跡が生々しく、がれきと化した集落や、沈没船がそのまま残る港を見て、在《あ》りし日の風景との差に呆然としました。

ただ、そんな中でわずかに救われる思いがしたのは、営業を再開していない商店の扉や道ばたの看板など至る所に大書された次の言葉でした。

「自衛隊さん、ありがとう」

不眠不休で救出、支援に全力を尽くし、自分たちは冷たい缶詰だけで我慢しても被災者たちに温かい炊き出しを振る舞った自衛隊員らの献身は、地元の人たちの心にしっかりと届いていました。想像もできないような大きな被害に遭いながら、自衛隊への感謝を忘れない被災者たちの在り方にも感動を覚えたのでした。

「事に臨んでは危険を顧《かえり》みず、身をもって責務の完遂に務め、もって国民の負託にこたえる」

こう誓って任務を遂行している自衛隊員たちを、国民の側もまた心からありがたく思っているのです。心がじわりと温まりました。

ところがこの八月、埼玉県の共産党市議らが、子供用迷彩服の試着体験イベントを中止に追い込んだり、自衛隊の航空ショーの中止を求めたりする問題が発覚しました。自衛隊に対する差別的ともいえる嫌がらせ行為だといえます。

少し古い話ですが、自衛官を父に持つ産経新聞の先輩記者からは、もっとひどい体験談を聞いたことがあります。小学生のころ、同級生の前で日教組に所属する担任教師から、こんなことを言われて一時、ショックで不登校になったとのことでした。

「○○君のお父さんは人殺しです」

いくら共産党や日教組といえど、自衛隊に憲法上の地位が与えられれば、こんな言動はとれなくなります。憲法は彼らの「ご本尊」なのですから、条文に記された存在は否定できません。

一九九九年に、日章旗を国旗に、君が代を国歌にそれぞれ位置づける国旗国歌法を制定した時も、「日の丸と君が代は、これまでも国旗、国歌として扱われてきたのだから法制化は必要ない」という消極論が目立ちました。でも、実際に法律に明記したことで、日教組をはじめとする反対勢力は腰砕けになりました。

二項削除の原則論を唱える保守派の中にも、「自衛隊を明記して何が変わるのか」という疑問を示す人が少なくありません。ですが、実際は事態は大きく変わるのです。

また、「自衛隊明記より防衛費大幅増を優先すべき」という声も聞かれますが、これは二つに一つを選ばなければならない問題ではありません。両方やればいいだけであり、決して二者択一を迫るものではありません。

さらに、野党からは「政府が自衛隊を合憲と解釈しているなら、憲法に書き込む必要はない」という声も聞かれます。でも、合憲であれば憲法に明記しても何の問題もないはずです。要するに、こうした反対論・消極論は「反対のための反対」に過ぎません。

今回の自民党総裁選の結果を受けて憲法改正が実現し、こうしたもやもやした議論に決着がつくことを期待します。憲法の条文を一つでも二つでも改正することによって、初めて米国製の憲法を日本人の手に取り戻すことができるのだと思います。

安倍首相は、九月十四日の日本記者クラブ主催の自民党総裁選討論会で、政治家としての自身の姿勢についてこう強調しました。

「政治家は学者でもないし、評論家でもない。正しい論理を述べていればいいということではない」

これを会場で聞きつつ、まだ安倍首相が当選二回の若手議員だった二〇〇〇年ごろ、国会裏の衆院第一議員会館の事務所で、当時、人気を博していた政治評論家や漫画家について、私にこう語っていたことを思い出しました。

「彼らは思想家だね。だが、思想家ではない政治家はひたすら現実に向き合い、結果を出していかなければならない」

理想は胸に抱きつつ、理想論には逃げずにどこまでも現実と格闘し、挑戦していく。あの頃から、安倍首相のその姿勢は変わりません。政治家の仕事は理屈をこね回すことでも、美辞麗句を連ねて格好いいことを言うことでもありません。自らができることを、時に妥協や譲歩もしつつ、少しでも前に進めることだと考えます。安倍首相はそれを実践しているのではないでしょうか。

安倍首相を取材し始めてから、もう二十年以上が経ちます。そして第一次安倍内閣時も、第二次以降の安倍内閣でも産経新聞記者として首相官邸を担当しています。もしかしたら私の通算官邸担当歴は、他社も含めて最長であるかもしれません。

本書は、その中で取材し、見聞きした安倍首相とその政権の考え方、実像、方向性の一端についての報告を試みたものです。安倍首相とは、どういう政治家なのか。安倍政権は何を目指し、どこへ向かっているのか。それを考える材料にしていただければ幸いです。

二〇一八年九月

阿比留瑠比

安倍晋三の闘い
官邸からの報告

◉目次

はじめに——安倍晋三は、匍匐前進する現実主義的政治家だ！　3

第一章　「魔女狩りごっこ」の「モリ・カケ」虚報と闘う　19

「木を見て森を見ず」の堕落した国会／集団リンチ化をやっているも同然／「公私問題」を追及する愚／蓮舫党首の虚偽発言、国籍問題は軽視？／「ダチョウの平和」でいいのか／インターネットの力で「知るファクト」／朝日の「印象操作」はひどすぎる／〝刷り込み（サブリミナル）〟報道／摩訶《まか》不思議な無責任な体系／安倍首相と朝日の戦いは歴史が長い／上司に洗脳され、忖度する社員／反省ゼロの体質に暗澹《あんたん》たる未来／「モリ・カケ」報道が歴史教科書に記載される？

第二章　安倍晋三をブレーンにしたトランプの深謀遠慮　59

世界が注目する「安倍首相」という窓口／外交成果の金字塔／日米合意「韓国は放っておけ」／安倍外交の成果は正当に評価せよ／国際政治のメインプレーヤーとなった日本／北朝鮮問題解決へのタフな交渉／拉致被害者の安否／風雲急を告げる極東情勢／不合理極まりない「モリ・カケ」報道／「三選は危うい」と

唱えたウソつきたち／小泉元首相は晩節を汚した／確かな判断力を持つために必要なこと

第三章　北朝鮮に媚びる朝日・リベラルと闘う　91

処刑場に引かれていく牛のようだった金正恩／自身の命と引きかえにならら妥協する？／日本に頼らないとジリ貧になるだけ／全身全霊を傾けて交渉していくしかない／対馬列島が防衛ラインになる日がやってくる／辻元・朝日・河野（洋平）三者の異様／日朝交渉における二回分の欠落文書／誤魔化し以外の何物でもない／「外交を語る資格のない」面々たち／デタラメな根拠／日朝正常化議連の不穏な動き

第四章　中国の「軍拡」「歴史カード」と闘う　125

アベノミクスで日本経済は回復／存在感の大きい日本になぜなれたのか／歴史問題での話し合いにピリオドを打った／無用な譲歩をしない巧みな外交手腕／歴史問題は匍匐《ほふく》前進で行くしかない／劇薬ではなく、漢方薬のようにじわじわと効く政治手法／エポックメイキング／九条はいつ改正されるか

第五章　ポスト安倍は誰か？　石破復活はあるのか？　151

政界は権謀術数《けんぼうじゅつすう》の世界／冷や飯食うぐらいの覚悟もないのか！／政治の世界は人情で動く／「一致結束・箱弁当」はもはや昔のこと／竹下亘、小泉進次郎、斎藤健の三氏のピント外れの発言／抽象的な政策内容／「安倍圧勝」を認めない朝日／二〇二一年、自民党総裁（首相）となるのは？

第六章　朝日が仕掛けた〝安倍集団リンチ〟と闘う　175

「坊主憎けりゃ袈裟まで憎い」／書き換えはどうでもいいレベル／安倍夫妻無関係の証明／もはや中世の魔女狩りか／安倍首相が命じた徹底調査／国有地をめぐる謎は他にもあるではないか／大阪地検のリークは魔女狩りの一歩手前？／国会の弱体化がもたらす悪影響／小泉純一郎の無責任な発言／もはや「集団リンチ」と化した「反安倍」／「不偏不党」を捨てた朝日

安倍晋三の軌跡　201

装幀／須川貴弘（ＷＡＣ装幀室）

第一章

「魔女狩りごっこ」の「モリ・カケ」虚報と闘う

「木を見て森を見ず」の堕落した国会

二〇一七年から二〇一八年夏にかけての二年弱の間、国会は「木を見て森を見ず」状態に陥っていたと言っても過言ではありません。北朝鮮のミサイル連射と核開発問題や、こじれている米中関係、韓国の大統領罷免、トランプ外交の行末、米中貿易戦争等々、国際環境は非常に流動的になり、日本を取り巻く安全保障環境は緊迫の度合いを高めていました。

ところが、国会は森友学園の国有地格安払い下げの問題や、稲田朋美防衛大臣と森友学園の間の過去の言動や、加計学園の獣医学部新設問題をめぐって安倍晋三首相と加計孝太郎理事長とが「悪だくみ」をしていたのではないか、といった実態のない瑣末なことをひたすらほじくり返していました。さらには、財務官僚のセクハラ騒動や文書改ざん等も出てきて国会はスキャンダル追及の場に堕ちていった感がありました。政策論争らしきものはほとんどありませんでした。国会は誰かしら悪者を仕立てあげ、攻撃対象とし、叩くことだけに終始しています。

かつての民進党や、現在の立憲民主党をはじめとした野党の中でも、「こんなことばかりを追及していていいのだろうか」と思っている人は少なくない。しかし、そのような人たちは表舞台に一切出てきません。難癖をつけたり、虚言を弄したりしながら、とにかく相手を貶《おとし》めればいいという人たちばかりが目立ちました。

これは、魯迅《ろじん》の言葉である「水に落ちた犬を叩け」（苦境にあるものを、さらにいじめること）と、ほとんど同じです。実際に安倍政権が水に落ちて溺れたわけではありませんが、みっともなくて、とても子供に見せられるようなものではありませんでした。

韓国で一時見られた朴槿惠大統領叩きにも似た政争が、日本でも起こる可能性があったのです。幸い、そういう危機は去った感がありますが、改めて「モリ・カケ」騒動とは何だったのか、まずは振り返ってみたいと思います。

集団リンチ化をやっているも同然

森友学園の問題は、当初、国有地の金額を不当に安く払い下げたのではないか、という疑惑から始まっています。

ところが、この新聞で言えば地方版に載る程度の疑惑が、疑惑といえるほどの内容ではないと判明した途端に「教育勅語」の問題にすり替わった。幼稚園が、園児に右翼的な教育をするのはけしからんというわけです。

この話題も狙い通りには広がらないとなったら、籠池泰典理事長の特異なキャラクターに焦点を当て、批判を展開する。さらには稲田防衛大臣が過去に弁護士として関わっていたことについて、野党やマスコミは槍玉にあげていきました。

稲田防衛大臣の答弁（森友学園の訴訟に関与していなかったとの答弁を撤回し、法廷に出ていたことを認め謝罪）は迂闊《うかつ》であった点は否めませんが、弁護士時代に仕事を受けたからといって、何が問題なのか。民進党の舟山康江議員は、「国会の場で確認もせず嘘をつく。都合の悪いことは忘れる。記憶にないという。これが通じれば何でもありじゃないですか」と詰問していました。

升田世喜男《ますたせきお》議員に至っては「国会で虚偽答弁を続けるような人物は閣僚の座にとどまってはいけない」とまで述べています。実は、旧民主党の菅直人内閣は二〇一二年十二月の閣議で、国会で閣僚が虚偽答弁をした場合の道義的・政治的責任についてこんな答弁書を決定しています。尖閣諸島（沖縄県石垣市）沖で、海上保安庁の巡視船に体当たりした中国漁船の船長を超法規的に釈放し、それを那覇地検独自の判断だと嘘をついたことを追及され続けてのことでした。

「答弁の内容いかんによる」

閣僚が国会で嘘をついても、必ずしも責任は問われないのだと、菅首相と全閣僚が署名して決めたのでした。その後裔《こうえい》たる民進党議員が何をいまさらというところです。

こういった野党の質問レベルは、はっきり言って週刊誌報道の後追いか、決め付け、言葉遊び、以前に否定されたことをまた繰り返す……など、印象操作に基づくものばかりでした。テレビに向かって、「稲田防衛大臣はこれほど悪いことをしている」という印象を、国民に摺《す》り込もうとしていた。

これはまさしく集団ヒステリー状態であり、まるで「魔女狩り」の様相すら呈しています。まず相手を「悪」と決めつけたうえで、あとからその理由をでっちあげるやり方です。イジメや差別と同根の現象で、とても気味が悪い。

もう一つ、森友学園の一連の報道で私が違和感を覚えたのは、「教育勅語」に関してです。『毎日新聞』（二〇一七年三月十六日付）の社説では、「教育勅語を唱和することは問題である。教育勅語によって軍国主義に組み込まれた」との批判を展開しています。

しかし、文科省が正式認定するような教育指導要領に「使用すべきでない」と書かれているのならば、「問題である」と指摘できるでしょうが、一私学であり、教育方針を理解した上で、親たちは子供を入学させているわけです。これを批判するのは、明らかに思想・信条の自由に対する侵害です。

「教育勅語イコール軍国主義」という決め付けも論理が著しく飛躍しています。

日本型のリベラル（本当の意味でのリベラルでも何でもない）は、平気でこのような言説を展開します。大東亜戦争中の沖縄報道に関しても、「日本軍が集団自決を命じたとは、必ずしも言えないではないか。それを否定する証言もある」と言うと、「そんな発言をするのは、沖縄戦で死んでいった人たちへの冒瀆《ぼうとく》だ、許せない！」と反応してくる。

しかし、個人の内面で思索し結論に至った考え方を、何の権利があって否定できるのか。憲法が保障する表現の自由、言論の自由の精神に反するではありませんか。

「公私問題」を追及する愚

森友学園の問題に付随して、民進党（当時）をはじめとした野党やマスコミは、安倍昭恵首相夫人の公私問題を攻め立てました。驚いたことに、北朝鮮が在日米軍基地攻撃を想定した弾道ミサイルを四発発射した翌日の二〇一七年三月七日付朝日新聞の社説では、ミサイル関連は第二社説、首相夫人の公私問題が第一社説となっていました。

事の軽重、優先順位を無視してでも、森友学園問題を奇貨《きか》として、安倍政権の足を引っ張りたいという意図が見え見えでした。

この件に関しては、お決まりの「靖國神社参拝問題」が想起されます。公的参拝か、私的参拝かと毎度毎度マスコミが閣僚に質問してきましたが、これは区別がつく問題ではありません。政府は「私的」と定義しないと、世論を収めることができないため、「私的参拝」であると見解を発表していますが、本当はどうでもいい話です。

最高の公人である首相が、私邸で家族と食事をしていたり、一人でお風呂に入ったりしているときは、「私人」であることは間違いない。その最中に首相がある仕事上のアイデアを思いついたとして、それは「私人である公人」だとか「公人である私人」だとか論じても意味がない。

確かに首相夫人は、各国の首脳の夫人が来日した際には接遇するし、あるいは外国の大使たちを集めてパーティーをします。さらには一緒に地方に出向き、日本文化を伝える役割も果たしています。昭恵さんは、世界各国の大使夫人を招いて拉致問題への理解を訴えたこともあります。

私的な会合で講演した場合でも、どうしても「安倍首相夫人」という肩書きはつきまとう。私的会合に出席しているときに、公的な仕事の連絡が入ることもあります。それでは、これがどこまでが私的で、どこまでが公的なのか、截然《せつぜん》とすることはできないでしょう。

社民党の福島瑞穂氏は、「公邸でブログを発信しているのは、私的な行為ではないか」と批判していますが、ほとんど難癖レベルです。国会でフェイスブックやツイッターに投稿している議員を見かけますが、彼らは公人なのか、私人なのか。

首相夫人のまわりに省庁の人間が何人かついていたことも問題視されていますが、いつ何時、公的な仕事や連絡が入るかわかりません。しかも、首相夫人の動向や言動が私的である場合でも、政府としてフォローしておきたいという事情もあるでしょう。

蓮舫党首の虚偽発言、国籍問題は軽視？

その頃の政治問題を考えるならば、森友学園の問題より、当時、民進党代表だった蓮舫氏の「二重国籍問題」のほうが重大と思えますが、まったく忘れたようにマスコミも報道しませんし、国会でも取り上げられる気配がありませんでした。蓮舫氏は明らかに虚偽発言ばかりを繰り返していたのにもかかわらずです。

戸籍謄本を公開すれば済む話であるはずなのに、蓮舫氏は拒否をし続けていました。蓮舫氏の関係者によれば「戸籍を公表することは問題がないけれども、蓮舫氏自身がプライベートなことだから、と嫌がっている」と。ところが、蓮舫氏は自身の家族や自宅をテレビで紹介しています。それは、プライベートを曝《さら》け出す行為ではないのでしょうか。このような使い分けと二重基準を知るにつけ、嫌悪感を覚えずにはいられません。結局、二〇一七年七月の記者会見で、戸籍の一部を〝公開〟し、二重国籍状態になっていたことを釈明し、それは今は解消されていると述べた。

私は、民主党が野党時代、輿石東《こしいしあずま》元参院副議長の山梨県教職員組合の政治資金問題、長年にわたる数千万円規模の教員からの献金が、政治資金収支報告書に記載されないまま闇に消えていた問題について追及キャンペーンを張ったことがあります。しかし、ほかのメディアは、「野党議員の話だから放っておけばいい」という雰囲気だった。

ところが、その問題を見逃したがために、後に輿石氏は与党幹事長として権勢を奮うようになり、「参院のドン」と呼ばれるようになったのです。「野党だから」という理由にならない理由で、マスコミが追及の手を緩めるいわれはありません。まして当時の蓮舫氏は野党第一党の党首でした。与党になれば首相となり、自衛隊の最高指揮官になりうる立場だったのです。無所属の当選第一期議員ではありません。

二重国籍に関する虚偽発言と、いまだに戸籍謄本を全面公表しないことに関して、なぜ、追及をしないのか、なぜ、不問に付するのか。国民に説得力のある説明を蓮舫氏自身はもちろんのこと、メディア側もすべきではなかったのか。一部の識者からは、中国の国籍も持つ三重国籍者ではないのかとの疑惑すら指摘されています。

メディアの使命は「権力の監視だ」と言われることがあります。しかし、私が思うに、メディアは事実を伝えることが第一義です。事実を伝える一環として、権力を監視することは当然あるでしょう。ただ、権力の監視自体が目的ではないと思います。

それと同時に「権力の監視」だけで、すべてが正当化されるのはおかしい。「権力の監視」を、まるで欽定《きんてい》憲法のように、どのメディアも崇《あが》め奉っているわけですが、それは違う。メディアは一つの型にはまったステレオタイプを否定し、違った見方や異論も存在していることを伝えるのが、本来の仕事だと思います。ところが実際は、メディアは「反権力」のポーズをとるばかりで、世の中にステレオタイプの解釈を広めることに躍起になっている。自分たちの見解だけが正しいのだと言わんばかりです。

だから、『産経新聞』に所属している私自身は、多数派メディアと違ったことを書かざるを得ないのです。

現在、野党と一体化しているような一部マスコミの報道を見ていると、野党がさも正しいかのように思える人も少なくないでしょう。別に与党が絶対的に正しいとは言いませんが、野党は常に正しいかというと、それも絶対的にあり得ません。

ただ面白い結果も出ています。森友学園の一連の問題を巡って、マスコミ各社の当時の世論調査を比較してみると、安倍内閣の支持率はNHKでマイナス七ポイント、毎日新聞と共同通信でマイナス五ポイントと下がっている。一方、批判している側の支持率が上がっているのかというと、毎日新聞の調査で、民進党の支持率は八％から六％に下がってしまった。

森友学園の不祥事について、一般国民は何がどうなっているのか理解できないため、明確にしてほしいという気持ちは当然あるでしょう。それをピンポイントに聞かれれば、賛成が多数になるのは当たり前です。それが政権の対応の遅さに対しての不平不満につながっているわけですが、一方で、政権を批判している民進党（当時）をはじめとした野党の追及にも疑問の目を向けている。

「こんなことばかりを国会で議論していていいのか。枝葉末節ばかりではないか」

これが、民進党の支持率が、上がらず下がった大きな要因だと思います。相手の足を引っ張っても、自分の評価が高まるわけではありません。

「ダチョウの平和」でいいのか

政治状況とあわせて、マスコミも非常に深刻な状況です。

二〇一七年から二〇一八年前半にかけては、特に北朝鮮の核ミサイル開発は深刻な事態を迎えていました。ＩＣＢＭがアメリカ本土の東海岸に届くほどの技術を持つことは、遠い未来の話ではありません。

このような北朝鮮の動向に対して、アメリカには三つの対応策が考えられます。一つが「先制攻撃」、もう一つが「北朝鮮を核保有国と認める」。そして三つ目が「交渉の上、北の核開発を封じ込める」。

このような状況下にあるならば、野党は「米国による北朝鮮への先制攻撃があるかもしれない。その場合、日本や韓国はどうなるのか、国民の生命と財産を守るためにどうするべきか」について政府に質《ただ》し、その対策をいろいろと協議するべきだったでしょう。マスコミの最大の関心事も、そこに向かうのが本来自然であるはずです。

ところが、マスコミは、砂に頭を突っ込んで身に迫る危機を見ないようにして安心する「ダチョウの平和」のように、目先の些事《さじ》、ゴミのような話題を問題として一所懸命取り上げていました。まるで今そこにある北朝鮮危機から、国民の目をふさぐようでした。

これで、果たして、本来の民主主義社会の姿といえるでしょうか。

森友学園のような異様な集中報道現象がなくならないのも、それを好んで読みたがる、見たがる読者・視聴者が確かに存在しているからという部分があることも事実です。野党もマスコミも、そういう一部の人たちが多数派だと仮定して動いている。

だから読者・視聴者が、国会議員にメールや電話で「いい加減にしろ」という声を多数寄せることを待つしかありません。私は、国民は短期的にはよく判断と選択を誤るけれど、長期的にはそれを修正して正しい方向を選ぶものと考えています。マスコミに煽られていったんは民主党政権を誕生させてしまったものの、その実態に気付くと次は再び自民党政権を選んだのもその表れです。

そして市井《しせい》の声で、国会議員の態度や言動が変わることは多々あります。政治家は、国民が思っているよりもずっと有権者の視線を気にしているものです。

インターネットの力で「知るファクト」

新聞は一時に比べて、署名記事が明らかに増えました。この現象の理由を考えるに、インターネットの影響力を見逃すことはできません。会社の〝看板〟に隠れて、匿名性の中で安全なところからヨタ記事を書く行為が通用しなくなってきたのです。

記者クラブは、良し悪し、両方の面があります。政治家や官僚が、自分たちに都合のいいように振る舞うのを防ぐ圧力団体という意味があるからです。

ただ、かつては官邸や各省庁なりが、大臣記者会見や官房長官記者会見の内容などをホームページにアップしようとするとき、記者側は名前を明記されることを嫌がる傾向にありました。これは悪弊と言っていいと思います。

「自分の名前を出すのが恥ずかしいような質問をするな」という話ですが、かつては自分たちの身や名前を守られるのは当然だという意識が強かった。

ところが、現在では、その考え方が通用しなくなりつつあります。大臣記者会見だけでなく、野党党首の記者会見などもインターネットで観ることができます。不勉強な質問、ピントの外れた質問はすぐに拡散され、恥をかくことになります。省庁が発表する資料も、ただちにホームページ上に掲載されるので、それをもとにいい加減な記事を書くこともできなくなっています。

私は産経新聞社に入って三十年近くが経ちましたが、インターネットによる検証効果は、徐々に存在感を増していることを実感します。特にここ数年は顕著に感じます。そして、私はここに一縷《いちる》の希望を見出しています。

政治家が過去と食い違う発言をしたり、失言をしたりすると、賢明な市井の人々が過去の国会議事録や、答弁集など、さまざまな資料を見つけ出して、インターネット上で公開します。民進党など野党の「ブーメラン現象」もこれだけ指摘されるようになったのは、インターネットの力に寄るところが大きい。

民主党政権時代、私は当時、民主党に所属していた小沢一郎議員（自由党）の過去の言動について調べたことがあります。初当選からの四十年あまりの言行《げんこう》を、会社の資料庫から資料を引っ張り出しひもといたところ、非常に変節・変遷していることがわかりました。

小沢氏は、かつては「ブレない男」と言われていましたが、安全保障、対米・対中観、憲法観、靖國神社観……など、すべてが驚くほど変わり、左傾化しています。それは先に触れた日教組出身議員、輿石東元参院副議長がこう言っていたほどです。

「小沢さんと話していると、どっちが右だか分からなくなるな」

このような調査は、かつては、報道機関などに存在する過去のスクラップを当たることができる人間のみにできることでした。ところが、今はインターネットを検索すれば、ある程度の近い時代の話であればすべて調べることができます。場合によっては、インターネットのほうが報道機関より情報が先行することも珍しくありません。

小沢一郎氏の件で、彼の資金管理団体である「陸山会」のマンションなど「不動産購入問題」について調査をしたことがあります。登記簿を見れば、小沢氏がどこの土地を買ったのか一目瞭然です。我々は取材を少しずつ進めていましたが、インターネット上では、我々に先んじてすべてを調べ上げ、なおかつ現地まで行って撮影した画像付きでアップされたこともありました。

このような現象を、既存メディアの人間も看過することはできません。今や事件・事故現場の映像の提供を、テレビ局や新聞社がツイッターなどで一般市民に求める時代になりました。

私のフェイスブックにも、多くの情報や意見が流れ込んできています。インターネットの情報もまたデマや出鱈目《でたらめ》も多いので、真贋《しんがん》を見分けなければいけません。私もまったくの事実誤認、悪意ある決めつけを書かれて被害にも遭っています。ですが、非常にありがたい情報源になっていることも確かです。

大手マスコミは、これまで自身の読者を対象にした記事を書くだけでよかったのが、それは通用しなくなっている。誰もがインターネットで違う情報に当たることができるため、報道を相対化することができます。

既存のメディアは襟《えり》を正さざるを得ない状況にあります。実際には、まだまだインターネットの威力に無自覚なマスコミ人も多く、そこには至っていませんが。

インターネットのマイナス面は当然ありますが、それ以上にプラスの面も大きい。

特に政治報道における影響は見過ごすことができません。やはり何が「フェイク・ニュース」であるかがすぐに伝わることが大きい。

日本新聞協会が二〇一七年の新聞週間（十月十五日～二十一日）に発表した次の代表標語は皮肉でした。

「新聞で　見分けるフェイク　知るファクト」

新聞記事そのものが、すでにフェイク視されていることへの自覚がありません。新聞大会の決議にはインターネットを批判する文脈で「不確かでゆがめられた情報が拡散され、事実を軽視する風潮が広がっている」との一節もありましたが、それはこれまでのマスコミのことだろうとの声が聞こえてくるようです。

インターネットは、今後とも我々既存のメディアに大きな刺激と変化を与える存在であり続けるでしょう。トランプ大統領や安倍首相も自ら〝情報〟を発信しています。トランプ氏は「偏向し不公平で虚偽の報道」に贈る「フェイク・ニュース賞」を発表することもしました。それらは既成メディアへの〝反論〟にもなっています。国政の政治家のみならず、地方自治体レベルでも、こういった動きが見られます。

朝日の「印象操作」はひどすぎる

たとえば、長崎県平戸《ひらど》市の黒田成彦《くろだなるひこ》市長が二〇一七年十一月二十八日付の自身のツイッターで、「市長室では朝日新聞の購読をやめた」と表明したことが話題を呼びました。朝日の購読中止の理由は「誤報を垂れ流す広報媒体を排除する」というもの。モリ・カケ問題に対する朝日の報道姿勢が念頭にあったようです。

購読中止宣言後、黒田氏のツイッターにはたくさんの賛同メッセージが届き、わずか二日間でフォロワーが一気に千人近く増えました。市長室によると、市のホームページ上の「市長へのご意見箱」に寄せられたメールにも、否定的な意見はなかったとのこと。

どうして、朝日の権威はここまで失墜したのか。いや、もともと権威なんて存在していなかったかもしれませんが、メディア全体が非常に厳しい批判に曝《さら》されているといえます。

マスメディアの役割の第一義は、前述したように「権力の監視」だけではないと思います。順番としては、まず、事実を追求する過程で監視する必要が生まれる。ところが、今のメディアは事実そっちのけで権力をイジめればいいいと勘違いしているようなのです。

モリ・カケ報道にしても、安倍首相が関与した事実は、一年以上騒いだものの一切、何一つ出てきていません。しかし、朝日などは「疑念が残る」「疑惑が晴れない」「国会の場で証明しろ」などと、すべて相手のせいにして延々と書き続けている。

逆でしょう。まず、事実を発掘し、その事実に基づいて理論立てて説明して訴えるべきです。ところが、事実も何もないのに、周辺だけをうろうろし、「なんかクサイぞ」と言い続ける。これはただの印象操作、レッテル貼りであり、ジャーナリズムの役割でも何でもない。ジャーナリストとしての矜持《きょうじ》もない。

そのくせ、朝日新聞の記者や左派ジャーナリストらは「真実」という言葉をよく使います。「自分たちは真実を探っているんだ」と。

でも、考えてみてください。「真実」なんてものは、それほど簡単につかめるものではないでしょう。「事実」と「真実」は峻別《しゅんべつ》しなければいけない。

アメリカのジャーナリスト、W・リップマンは一世紀近く前の一九二二年に刊行した著書『世論』の中で、新聞についてこう指摘しています。

「新聞はサーチライトのようなもので、休みなく動き回りながら暗闇のなかに一つまた一つとエピソードを浮かび上がらせる」と。

この言葉を敷衍《ふえん》すると、「真実」自体は非常に多角的なもので、光を当てる角度によって現れる姿は千変万化する。新聞をはじめメディアのできることは、闇夜に漂う巨大で複雑な多面体である「真実」の一部分・一断面である個々の「事実」に光を当てることぐらいなのです。

マスメディアは「第四の権力」であると言われているにもかかわらず、「事実」の探求をする意思すらなく、ただ政治家や官僚などをこき下ろすことだけ。それが仕事だと思っている。一方で、マスコミ自体が批判を受けると、「言論弾圧だ」「圧力をかけてきている」と騒ぎ出す。いやいや、それは違うでしょう。批判されるのは自業自得の面もあるのではないか。

そして現在、第四の権力であるマスメディアを監視しているのが、インターネットを利用する一般国民というわけです。

〝刷り込み(サブリミナル)〟報道

朝日新聞は小川榮太郎さんの『徹底検証「森友・加計事件」――朝日新聞による戦後

最大級の報道犯罪』（飛鳥新社）の内容に嚙み付いて、申し入れ書を送り、

「弊社は、上記8枚の文書について、その内容を本年5月17日、18日、19日の紙面で紹介しており、『安倍の関与を想像させる部分以外は、文書内容をほとんど読者に紹介せず』という指摘は事実に反します」

と反論し、訴訟を示唆して、脅迫・恫喝《どうかつ》しました。

本の内容が事実と反するならば、朝日は言論機関なのだから、内容についての検証記事を書けばいいだけの話です。

その検証記事すら書かずに、提訴うんぬんというやり方をしている。言論機関としての存在意義・役割を自ら放棄しているとしか思えない。朝日が小川さんとの論争を避けて司法の場に逃げたことは、言論機関としての自殺行為だと感じました。朝日はかつて「ジャーナリスト宣言」と称する宣伝広告をテレビやラジオで打ち、

「言葉は感情的で、残酷で、ときに無力だ。それでも私たちは信じている、言葉のチカラを」

「言葉に救われた。言葉に背中を押された。言葉に涙を流した。言葉は、人を動かす。私たちは信じている、言葉のチカラを」

などと大上段に掲げていましたが、いまや自分自身の言論の力も信じておらず、信じているのは訴訟の力だということでしょう。しかも、小川さんらに送られてきた訴状に、次のように書いてあると知り、愕然としました。

「原告（朝日）は上記問題（森友・加計学園問題）について安倍晋三首相が関与したとは報じていない」

あれほど力を入れて馬に喰わせるほど大量に報じ、紙面を占拠してきた森友・加計問題に関する記事やコラム、社説は何だったのでしょうか。朝日は「安倍首相が怪しいとにおわせただけで、別に関与したなんて書いてないもん」とでも言いたいのか。報道という巨大な「権力」を行使して印象操作しただけだと自分で明らかにしたようなものです。

朝日自体は「自分たちは権力である」という事実を認めたがりませんが、一方で、強い権力を持っていることを誇ってもいる。虚報を載せ続けた一連の慰安婦報道についても、かつて「政治動かした調査報道」との見出しを付けて誇らしげに書いていました（一九九四年一月二十五日付の創刊百十五年記念特集記事）。

朝日新聞のモリ・カケ問題に関する社説を読むと、同じ内容ばかりが繰り返されています。「菅官房長官が前川喜平氏を人格攻撃した」という記事が何回も何回も出てくる。昭恵夫人の名前を挙げて批判する社説もしばしばでした。前述したように「加計学園の疑念が晴れない」「疑惑が残った」「安倍昭恵さんを証人喚問しろ」と繰り返し書く。

それによって反安倍の世論を煽り、是が非でも安倍政権を倒閣したい意図が見え見えでした。実際、それによって安倍内閣の支持率は一時大きく下落し、安倍首相は苦境に陥りもしました。

この執拗な安倍批判は、「安倍一強」であることへのいらだちも大きいのかもしれません。しかし、朝日は弱者の立場に立つフリをして、言いがかりをつけて安倍首相を攻めようとしているだけでしょう。

だいたい、同じ内容ばかり読まされている朝日の読者は、よく購読をやめないなと思います。見出しにも重複現象が現れていますから、もはや呆れてしまう。

二〇一七年の解散総選挙が決まった頃の朝日の紙面を見ると、一面、二面、社会面、社説が、すべて「大義なき解散」という見出しでした。二〇一八年八月から九月にかけての総裁選をめぐる報道でも、〝モリ・カケを忘れるな〟式の論調を展開していました。

異常な報道だとしか思えません。読者に刷り込み（サブリミナル）をしようとしているのか。朝日は昔から、自身の目的完遂のためだったら、こういうことを平気で実行してしまう新聞社なのです。

摩訶《まか》不思議な無責任な体系

過去にも例があります。一九九九年、当時、東京高等検察庁検事長だった則定衛《のりさだまもる》氏を『朝日新聞』は引きずり下ろしたかった。則定氏と折り合いの悪かった朝日は、検察庁からの情報をなかなかもらうことができず、そのまま居座られるのは困ると考えたのかもしれない。

そこで朝日は則定氏の女性スキャンダルを一面トップ（一九九九年四月九日付）で報じたのですが、なんと本文の書き出しが「『噂の真相』（一九九九年五月号）によると、二十八歳のこの女性は～」だった。

『噂の真相』の内容を後追い取材して書いたのであればともかく、当時のゴシップ誌の内容をそのまま引用し、しかもトップ記事にしてまで、則定氏を貶《おとし》めたかったのです。実際に則定氏はこの記事をきっかけにして失脚します。

私は当時、官邸記者クラブにいましたが、他社の記者と「朝日新聞は新聞ではないよね」という話をしました。この一連の報道を見ると、朝日は政敵だと思った人物や、思想が違う人物に対しては、あらゆる手段を使ってでも葬り去る会社であることを心底実感できます。

今回のモリ・カケ報道にも、朝日の伝統は生きていました。籠池泰典氏の証言を鵜呑《うの》みにして、二〇一七年五月九日付の朝日新聞で大きく「開設予定の校名として『安倍晋三記念小学校』と記載したことを朝日新聞の取材に認めた」という記事を掲載しました。

ところが小学校の設置趣意書が明らかになってみると、実際に申請された学校名は「開成小学校」だった。

籠池氏は朝日記者のインタビューを受けながら、心の中で「こいつら、バカだな」と思っていたでしょう。籠池さんの手元には「開成小学校」と書かれた設置趣意書の原本があったはずですから。籠池さんは朝日の記者に平気の平左でウソをつき、それを朝日が確認もせず裏取りもせず記事として垂れ流したものを、ニヤニヤしながら読んでいたのでしょう。

これは朝鮮半島で女性を強制連行して慰安婦にしたと偽証した詐話師、吉田清治《よしだせいじ》の話を、そのまま十八回も記事にして垂れ流したことと同じです。吉田氏の証言も著書も、少し常識があればすぐに怪しい、そんなことはあり得ないと感じる内容でした。にもかかわらず朝日は自社の論調の補強に都合がいいので使い続けたのです。

この吉田証言については、産経新聞は一九九二年四月の段階で、社会面トップで「信憑性は疑わしい」と大きく報じています。ただ、当時はインターネットが普及する以前だったこともあり、産経読者以外に広く知られることはありませんでした。朝日も産経の報道を黙殺することができたのです。

どうしてこんな摩訶不思議なことがまかり通ってしまうのか。

東日本大震災による福島第一原発事故をめぐるいわゆる吉田調書問題のとき、はたと気づくことがあったのです。朝日は、所員の九割が吉田昌郎所長の指示に背いて逃げたなどとした虚偽報道について猛烈に批判を浴びて、社内調査をし、その結果を発表しました。当時の杉浦信之取締役編集担当は「吉田調書は、取材源の秘匿のため、かなり少数の人間が触れることにしていた。チェックが甘くなり、結果的に検証が遅くなったと反省している」と述べている。

上司も報道幹部も検証やチェックをしない、何も見ていない中で報道をしたわけです。

この釈明には信じられない思いでした。

こんなことは、我々の会社ではあり得ません。吉田調書を朝日に一カ月遅れで手に入れたあと、われわれはただちにコピーし、社内の必要部署で回し読みをしました。会社の名前を使って記事を書くわけですから社員同士で秘匿する必然性は、まったくありません。

一部の左傾化した記者が社内で暴走すると、それをストップすることができないシステムを朝日新聞は構築しているのではないでしょうか。これは自由な社風などというものではなく、記事という製品に対して無責任な体系ができあがっているということになります。

モリ・カケ報道のスタンスに対しては、朝日新聞内でも、さすがに「ここまでやるものなのか」と思っている人も少なからずいると思うのです。

安倍首相と朝日の戦いは歴史が長い

しかし止められない。安倍内閣倒閣運動を始めてしまったがために、勝つか負けるか決着つくまで戦うのでしょう。安倍首相の〝三選〟が成った現時点では明らかに惨敗していいます。しかし、九条改憲を阻止するという目標はまだ実現するかもしれません。

ともあれ、『産経新聞』も民主党政権をよく批判していたといわれることがあります。いや、待ってください。我々は同じテーマだけを取り上げて批判をし続けたわけではありません。それぞれ個別の事象に対して、たとえば「鳩山由紀夫さんの外交はここがダメだ」「菅直人さんの原発事故に対する動きはひどい」という観点から、具体的事実を挙げて批判を展開しました。

朝日ははじめから「安倍が悪い」「安倍内閣がおかしい」というテーゼだけを決めて、そのテーゼから微動だにせず、具体的事実が乏しいまま、時には「安倍晋三記念小学校」云々といった虚報を交えて紙面を作成しているとしか思えない。初めに結論ありきで、あとはその結論に合わせて現実を歪めていくのです。

なぜ朝日は、ここまで安倍首相のことが嫌いなのか。安倍首相と朝日の戦いは、実は歴史が長いのです。

私が記憶しているのは、一九九七年、自民党の若手議員を中心に結成された議員連盟「日本の前途と歴史教育を考える若手議員の会」からでしょう。当時、安倍さんは事務局長を務めていたのですが、この会は「従軍慰安婦」という言葉が中学歴史教科書に一斉に登場するのはおかしいということで結成された。

朝日はいわゆる自虐史観の宣教師のようで、慰安婦は強制連行だったと断定的に書いていましたから、それが事実かどうかを検証する安倍首相の動きは、朝日としては当然気に食わない。

さらに、安倍首相が小泉純一郎内閣の官房副長官のとき、朝日は安倍首相を名指しして「ことの本質を見失うな」という社説で批判しました。なぜ大新聞が、まだ党内での立場も微妙な若手議員にすぎない安倍首相の名前をことさら挙げて批判したのか、私は違和感を覚えたものです。

これは、NHKの慰安婦番組(二〇〇一年一月三十日放送。ETV特集、シリーズ「戦争をどう裁くか」の第二夜「問われる戦時性暴力」)に対して、安倍さんと、当時の経済産業大臣、中川昭一さんが内容について圧力をかけたと報道したことにも関連します。しかし、それはまったくのデマで、安倍さんは「放送法に基づいていればいい」という話をしただけだった。

NHKも、朝日新聞を批判する番組を放映、朝日は結局、当時の社長が「真実と信じた相当の理由はあるにせよ、取材が十分であったとは言えない」と記者会見で釈明するはめになったわけです。記事を書いた記者は地方に飛ばされました。

記事が掲載される前日、私は安倍さんと中川さんから別々にこの件で電話をもらったのですが、「朝日新聞からいろいろと聞かれたんだけど意味がわからない。型にはめようとしているのは分かるんだけど、全然違うんだよね」と口々に言っていました。「朝日も事実関係を詰めきれていないな」と思っていたのですが、翌日、一面で一方的な決めつけとともに報道されたのです。「気に食わない安倍と中川をたたけるのであれば、多少詰めが甘くてもいい」と思ったのでしょう。

小川榮太郎さんは、モリ・カケ報道を「報道犯罪」「言論テロ」と言っていますが、昔からそういうことを朝日はやっていたのです。

上司に洗脳され、忖度する社員

次が拉致問題です。安倍首相は若い頃から拉致問題に取り組んでいました。ところが、朝日は小泉純一郎首相訪朝の当日まで、「拉致被害者」とは書かず、北朝鮮が使用していた用語である「行方不明者」と書き、北朝鮮をかばうようなスタンスだった。そういう朝日ですから、拉致問題で北朝鮮を公然と批判し、運動を展開している安倍首相が、やはり気に入らなかったのでしょう。

私は、首相官邸内で、ある朝日の記者が、拉致被害者救出に取り組み、北朝鮮に批判的な拉致議連について「あの破落戸《ごろつき》ども」と言うのを聞いたことがあります。朝日の社内にそうした空気があったのでしょう。

安倍首相は月刊誌『諸君！』に「朝日新聞に逆らってきた政治家はことごとく葬られてきた」と書いたことがありました。朝日に睨まれると、あることないこと書かれて、その立場を失ってしまうから、政治家は朝日を恐れてみな口をつぐんできたわけです。

安倍首相は、そんな状況に一石を投じたいと、

「私は朝日に屈しない。戦う政治家であり続ける」

と反論を繰り返してきた。朝日はしゃらくさいと思ったでしょう、若宮啓文《わかみやよしぶみ》元論説主幹は、第一次安倍内閣発足時、安倍首相がナチスの行為を「侵略」とこだわりなく断じているのには「おやっと思った」などと滅茶苦茶なことを書いていましたから。

若宮氏は、政治評論家の故三宅久之さんに「安倍たたきは朝日の社是だ」とも語った

人物です。この件を若宮氏は言っていないと否定していますが、私が三宅氏に直接確かめると「確かにそう言った」とのことでした。

そんな朝日の言うことを聞かない安倍首相が選挙で大勝し続けて、成功を収めている。戦後最長、いや憲政史上最長の首相になるでしょう。

挙げ句の果てに、トランプ大統領が当選した直後、安倍さんがニューヨークで会談したとき、安倍首相は「実はあなたと私には共通点がある。あなたはニューヨーク・タイムズ（NYT）に徹底的にたたかれた。私もNYTと提携している朝日新聞に徹底的にたたかれた。だが、私は勝った……」と勝利宣言までした。

朝日が、これを聞いて腸が煮え繰りかえるような悔しさを覚えたのは間違いない。ただ、朝日の記者がすべておかしいかというと、そうではありません。現場で会う記者の中で、ときには極左の人間もいましたが、おおむね普通の人です。思想的にも偏っておらず、だいたいノンポリです。

ところが、出てくる紙面は偏向に満ち満ちている。理由を探ると、おそらく上からの号令か、下が忖度《そんたく》して記事を朝日好みに寄せていっているのでしょう。

元『週刊文春』のライターで、朝日新聞に移って社会部の記者をしていた人から聞いた話によると、朝日の記者は入社当初ノンポリだそうです。

しかし、「社内で評価されるためには、デスクが気に入るような内容で書いたほうがいいと忖度し、左がかった記事を書き始めて、そればかりしているうちに、だんだん自分も染まっていく」そうなのです。

これは以前、北海道教職員組合員の方から聞いた体験談と同じなのです。ノンポリで教師になって、北海道教職組合に誘われるまま「そういうものかな」と思って入る。先輩に言われるまま組合の活動をしているうちに、だんだん〝赤い思想〟に染まっていくそうです。また、職員室での会議でも、本当に過激な教員は少数でも、声が大きいので全体がそっちに引っ張られていくとのことでした。

フェイクみたいな記事を垂れ流し続けていても、今はインターネットで検証される時代になっています。「他紙はこう書いているけど、事実関係はどうなのか」と、ネットの人たちは常にチェックしています。まして朝日は前科のある〝危険物〟だと見られているわけですから、余計にチェックを入れられます。

そうすると紙しか読まない一般読者はまだ気づいていなくても、いつか気づくときを迎える。「朝日新聞を取っていると周囲の目が冷たいな」「え、朝日を読んでいるとバカにされるんだけど」となったら、それは目が覚めるでしょう。

反省ゼロの体質に暗澹《あんたん》たる未来

戦後すぐ、朝日は「原子爆弾は国際法違反の戦争犯罪である」という鳩山一郎の談話を掲載し、進駐軍に悪印象を与えるとして、連合国軍総司令部（GHQ）から四十八時間、発行停止処分を受けることになりました。停止処分が終わると、朝日は社論を一気に変えて、GHQ礼賛になっていった。

それから「羹《あつもの》に懲《こ》りて膾《なます》を吹く」（ある失敗に懲りて、必要以上に用心深くなり無意味な心配をすることのたとえ）状態で、GHQに屈した自己を正当化するために、ますます先鋭化していったのではないでしょうか。「GHQに社論を歪《ゆが》められたんじゃない。俺たちでこの考えを選んだんだ」と自分自身に言い聞かせながら。これは、憲法もGHQが押しつけてつくったけれども、日本人が選んで育《はぐく》んでいったと言っていることと同じです。

プライドが高くて信念がないと、朝日のように右往左往してしまうのです。そのプライドにも、たいした根拠があるとは思えませんが。

集団的自衛権の行使を限定的に容認する安全保障関連法の国会審議のときの話です。外務省の当時の幹部と雑談をしていたら、「いやあ、サンフランシスコ単独講和条約から六十年の日米安全保障条約改定、国連平和維持活動（ＰＫＯ）法、周辺事態法、そして今回の安保法と、政府は朝日が猛批判することをずっとやって成功してきた。朝日にこれだけ攻撃されると、この法案は絶対に正しいという確信が持てる」と述べていました。

そんな朝日の今後は果たしてどうなるのか。いや、マスコミそのものが危うい。新聞やテレビなどマスコミに対する国民の視線が、年々冷ややかになっていくのをひしひしと感じています。先の衆院選をめぐり、二〇一七年十月八日に行われた党首討論会を取り上げた『日本記者クラブ会報』（二〇一七年十一月十日号）を読むと、一般社会とマスコミの意識の乖離《かいり》に暗澹たる気分になります。

討論会での記者の尊大な質問態度に関し、記者クラブ事務局はテレビを見た人たちから多くの「お叱り」を受けたそうです。それに対する専務理事の感想は「近年、この種の抗議が多くなったことが気にかかる」とまるで反省は見られません。

インターネット上で「炎上」したと記す朝日の質問者は「あぁ、あほらし屋の鐘が鳴る」と書き、非礼を指摘された毎日新聞の質問者は「『非礼』は安倍（晋三首相）会見には不可欠な資質」と開き直っている。

なぜ、批判されているのかも、自分たちが一般国民からどうみられているかも理解できない姿を見ていますと、残念ながらマスコミの未来は明るくありません。

産経が巻き添えにされるのは困るのですが。

「モリ・カケ」報道が歴史教科書に記載される？

二〇一八年五月、トランプ大統領との日米首脳会談に、安倍首相の元秘書官、柳瀬唯夫氏が随行しました。トランプ大統領が鉄鋼関税の話を日本に仕掛けているときこそ、柳瀬さんは経産省の担当審議官として一番活躍しなければいけなかったのです。

ところが、加計学園の「首相案件」というメモのために、元首相秘書官ということもあって、国会で追及されることになり、勉強したり交渉したりする時間が完全に奪われてしまいました。柳瀬さんの言っていることが本当なのか、愛媛県職員のメモが本当なのか、そんなどうでもいいことに延々と議論を続けている。これこそ「あぁ、あほらし屋の鐘が鳴る」ではありませんか。

もっと言えば「バカ」と言えるのではないでしょうか。私が考える「バカ」の定義は、「事の軽重と優先順位がわからないこと」です。今のマスコミを見ていると、元「週刊朝日」編集長の川村二郎氏が『学はあってもバカはバカ』（ワック）という本を出していますが、本当にそういう人間ばかりが増殖している。

もう一つ、指摘しておきたいことは、安倍首相のまわりにいる人間であれば、暴言を投げつけて傷つけようが、人格を否定しようが構わないという報道のあり方です。

加計学園の加計孝太郎理事長は安倍首相の四十年来の友人で、それは紛れもない事実です。年に何回か食事をしたり、ゴルフをしたりしている。でもこれは、普通の人と人との交流にすぎません。

ところが、安倍首相に近しい人間が経営している大学だから、どれほど叩いても構わないとなる。ほかにも、受験生を追いかけまわして取材攻撃をしても構わない。昭恵さんは首相夫人だから、どれほど彼女の言動を攻撃しても構わない……。こういう現象を見るにつけ、アンチ安倍の人たちには根本的に「人権意識」が欠如しているとしか思えません。安倍首相も以前、「彼らは人権無視は平気だから」と話していました。

ただ、こういう野党やマスコミの汚いやり口は、一般の人々の間でも、インターネットを通じてかなり把握され始めているように思います。

「籠池氏という嘘ばかりをつく詐欺師にしつこくつきまとわれた昭恵首相夫人のほうが、本当に悪いのか？」

「籠池氏の言うことはすべて正しくて、昭恵首相夫人の言うことはすべてウソだ——そんなのおかしくないか？」

という疑問の声が上がっていました。それに、野党議員の態度や雰囲気を見て、彼らの品性を疑うようにもなってきていました。あまり他人の容貌や外見に触れたくはありませんが、国会質疑で安倍首相に悪口雑言を並べ立てている野党議員らの人相の悪いこと。これもテレビやインターネットで広まります。

面白い現象だなと思うのは、立憲民主党をはじめとした野党が、これだけ安倍政権を批判し続けて、しかも、テレビをはじめ、さまざまな場所で露出を重ねているにもかかわらず、自らの政党の支持率はまるで上がっていないのです。安倍政権の支持率は一時的に下がったりしましたが、野党も同じく若干下がっている。安倍内閣支持率がその後再び回復基調に入っても、野党支持率は低迷したままです。ひどい消耗戦を続けているなと思います。朝日新聞もモリ・カケ報道をし始めてから、部数は右肩下がり。刺し違えてでもいいと覚悟して、安倍政権を叩こうと考えているとしか思えません。歪んだ執念すら感じてしまいます。

おそらく、将来、今回の猛烈な根拠なき安倍批判は、歴史の教科書に記載されるのではないかと思います。その時は、このような「フェイク・ニュース」が顕在化したマスコミの負の歴史も同時に刻まれることでしょう。にもかかわらず、安倍内閣は存続したという点で、この時、日本の民主主義は成熟段階に入ったと評されることになるかもしれません。

ともあれ、こういう現象を見るにつけ、日本人の立ち居振る舞いや発言が劣化してきているように思えて仕方がない。本当に国難に直面しているなと思います。

第二章

安倍晋三をブレーンにした
トランプの深謀遠慮

世界が注目する「安倍首相」という窓口

安倍首相は内政のみならず、外交面でも目覚しい成果を上げています。トランプ米大統領の二〇一七年十一月のアジア歴訪を見ても、それははっきりわかります。

外務省のある幹部が「安倍外交は日本人が思っている以上に世界的な影響を与えている」と述べていました。二〇一七年十一月の日米首脳のゴルフ会談は、CNN（アメリカの放送局）、BBC（イギリスの放送局）がずっと放送していました。日本国内ではこのゴルフ外交への批判がありますが、国際的には注目され、各国首脳の羨望の的なのです。

安倍・トランプの蜜月関係は、中国や北朝鮮に対して大きな圧力・牽制になっているのみならず、世界的な注目を集めて日本の存在感を増す効果もあるのです。

もともと政治家でも外交官でもないトランプ氏は、国際情勢に詳しいわけでも各国首脳に知己がいるわけでもなかった。現在は、トランプ氏は安倍首相を通じて世界の首脳を知り、世界の事情を知るという状況になっています。

「あいつはどういう人物だ」

「あいつが言っていたことは本当なのか」

トランプ氏からの質問を受けて安倍首相はいろいろと助言をしています。国際会議でも「シンゾーの言うことには従う」とまで言い、各国首脳を驚かせました。まるで恋女房のような存在だとも言えます。さらに、安倍首相がトランプ氏と電話会談をすると、すぐにイギリスのメイ首相や、フランスのマクロン大統領から安倍さんに電話会談の申し込みが入る。なぜかというと、「トランプが何を言っていたのか」を知りたいからです。

つまり、トランプ氏にとって、安倍首相が「世界の窓口」なのです。さらに、世界にとって「トランプ氏の窓口」が安倍首相になっている。日本の首相で、ここまでの役割を果たしているのは空前絶後です。何だかんだ言っても、米国は世界最強の国ですから、この意味は大きい。

日米豪印の四カ国による「自由で開かれたインド洋太平洋戦略」を米国は自国の外交方針として取り入れましたが、これは明らかに第一次安倍政権時代から、安倍首相が掲げていた方針です。しかも、安倍首相はインドのモディ首相と非常に懇意の仲でもあります。つまり、日印の友好関係が、もともと対インド外交を苦手としていたアメリカにも好影響を及ぼして、今回の戦略が策定されたわけです。

このように日本の外交戦略に対して、アメリカが同調し、足並みを揃えることは前例のないことで、特筆大書すべきです。中国の「一帯一路」にも対抗しうる大戦略を日本が提案しているのですから。いや、「一帯一路」はもうメッキがはがれてきましたね。

外交成果の金字塔

このように、トランプ政権発足後の日米関係が強固という前提があるからこそ、中国の習近平国家主席も李克強首相も、アジア太平洋経済協力会議（ＡＰＥＣ）で安倍首相とにこやかに会談することができている。中国は二〇一七年十月の党大会を終え、国内の政治基盤は一応安定の方向に向かっている。わざわざ国内向けに強い「反日」姿勢を持ち出す必要もありません。

それに加えて総裁選挙が終わりましたから、「安倍は今後三年間、日本の首相を務めるだろう。安倍日本といい関係を築くことが、中国の利益にもつながる」と考えているでしょう。またアメリカとの貿易戦争が激化している今、トランプ氏と親しい安倍政権と〝友好〟関係を維持するのは得策との判断も強まっています。特に最近は、米中貿易戦争の様相を呈してきましたから、中国はより日本を重視するでしょう。中国は対米関係が悪くなると、日本に近づいてくるのです。

この安倍外交のダイナミズムは、野党でも認めざるを得なくなっている。オバマ前米大統領とともに原爆投下の地、広島で演説したとき、あの蓮舫氏でさえ、「この歴史的な声明を実現された安倍内閣の外交は高く高く評価します」とツイートしました。

この評価は正しいのです。第二次安倍内閣が発足する前まで、オバマ氏は、日本人を含めた左派から「安倍は危険な極右だ。歴史修正主義者だ」と吹き込まれ、安倍首相を警戒していました。二〇一三年二月に安倍首相が初訪米した際には、昼食会の場でもオバマ氏のテーブルにはミネラルウォーターが一本置かれただけのビジネスライクな対応でした。まともに接遇する気がなく、腫れ物に触るような感じだったと聞きます。

ところが、何度も国際会議などで顔を合わせるうちに、安倍首相を頼るようになり、果ては、伊勢志摩サミットのとき、オバマ氏をはじめとしたG7（主要七カ国）の首脳陣が伊勢神宮をともに参拝し、広島の演説につながった。

この外交成果は、日本の近現代史における金字塔だと言えます。欧米主要国の首脳がそろって皇祖皇霊に参拝し、原爆を落とした国の国家元首が、その地で平和の祈りを捧げたのですから。

安倍首相以前の首相、特に旧民主党政権時代は外交がまったくダメでした。野田佳彦氏も、菅直人氏も外交が苦手で、関心を示さないし、たまに動いたとしても失敗に帰しました。サミットの際、菅氏が各国首脳の輪に入れず、一人でにたにたしている写真は当時、インターネット上で話題になりました。

鳩山由紀夫氏は外交が大好きなのですが、鳩のように飛び回っても糞害しか撒《ま》き散らしていません。彼が提唱した東アジア共同体構想は、当時の外務省幹部も「意味も中身も分からない」というものでした。そして揚げ句の果てには、アメリカの著名コラムニストから「ルーピー（愚かな）」と言われる始末でした。

昔から外交安全保障は票にならないといわれているように、成果がよほど目に見えないと人気にはつながりません。安倍内閣の支持率が、安保法制やモリ・カケ問題などで一時的にダウンしても持ち返して高いというのも、安倍外交を評価せざるを得ないと、みんなが感じている結果ではないでしょうか。

首脳外交のイメージとして、官僚がすべてをお膳立てして、まわりを固めて、最後に調印する。そういう外交もありますが、現代ではそれは通用しません。この首相とは話しても仕方がないと思えば、もう相手にされません。韓国の盧武鉉《ノムヒョン》元大統領などがその典型例で、当時のブッシュ米大統領は安倍首相に、日米韓三カ国首脳会談の前にこう述べました。

「なあアベ、面倒だから盧武鉉とは朝鮮半島の話はしないでおこう」

当事者であるにもかかわらず、歴史問題ばかりにこだわって会話が成り立たないことから、肝心のテーマでは外されたのです。

もう一方で、心から気が合ったり、意見が合う同士で、お互いに知り尽くした上で取るものは取る、渡せるものは渡すという外交もあるのです。安倍首相は、首脳同士の信頼関係とは「互いの（国内外での）政治的リスクを知ったうえで生まれる」と述べています。

安倍首相の外交を見ていると、まさにそういう外交戦略を立てているなと思います。

日米合意「韓国は放っておけ」

安倍首相の周囲もよく言いますが、「安倍さんは近現代史に非常に詳しい」のです。な

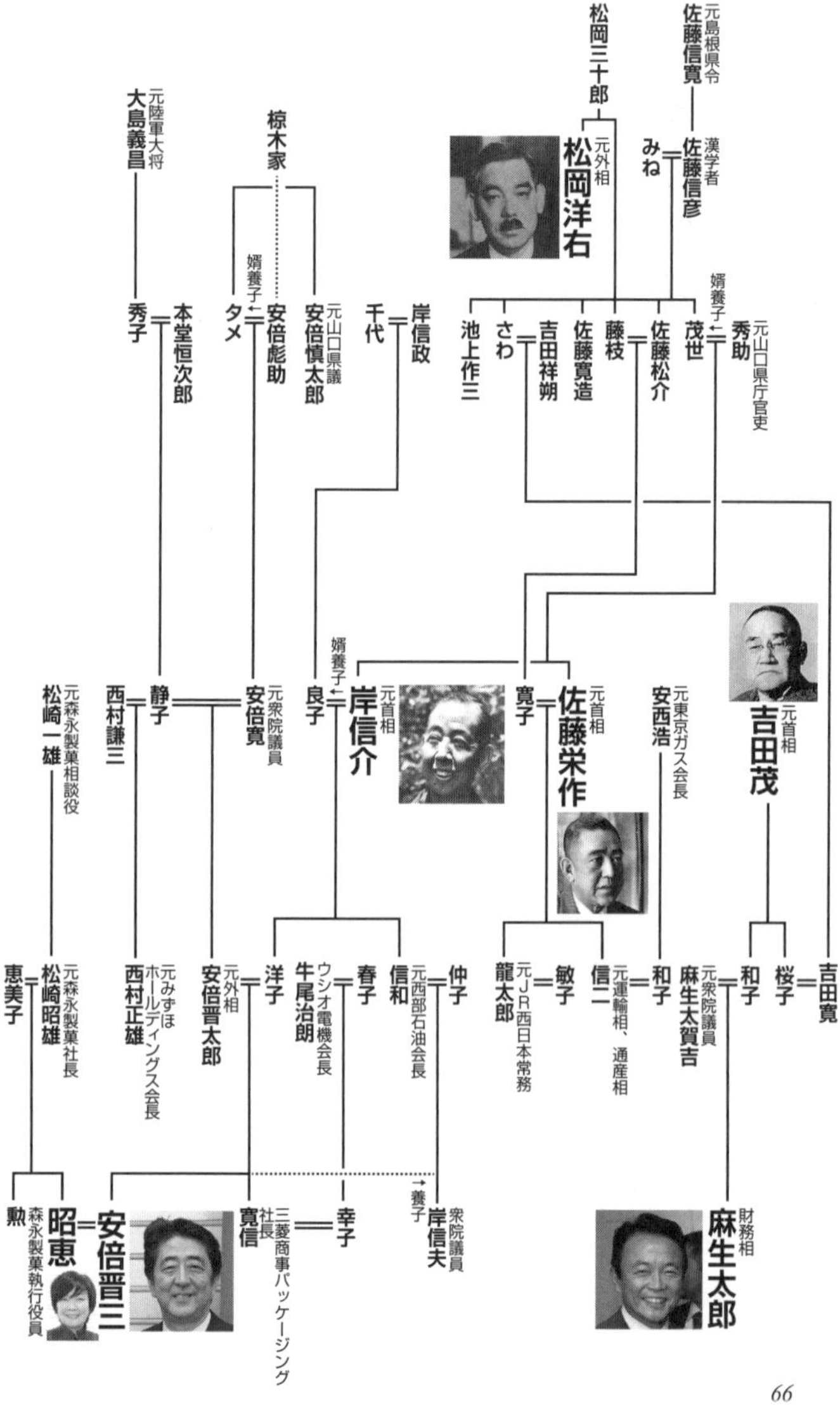
元島根県令 佐藤信寛
松岡三十郎
漢学者 佐藤信彦
みね
元外相 松岡洋右
椋木家
元陸軍大将 大島義昌
元山口県庁官吏 秀助
婿養子
茂世
佐藤松介
藤枝
佐藤寛造
吉田祥朔
さわ
池上作三
岸信政
千代
元山口県議 安倍慎太郎
安倍彪助
婿養子
タメ
本堂恒次郎
秀子
元首相 吉田茂
元東京ガス会長 安西浩
元首相 佐藤栄作
寛子
元首相 岸信介
婿養子
良子
元衆院議員 安倍寛
静子
西村謙三
元森永製菓相談役 松崎一雄
吉田寛
桜子
和子
元衆院議員 麻生太賀吉
和子
元運輸相、通産相 信二
敏子
元JR西日本常務 龍太郎
仲子
元西部石油会長 信和
春子
ウシオ電機会長 牛尾治朗
洋子
元外相 安倍晋太郎
元みずほホールディングス会長 西村正雄
元森永製菓社長 松崎昭雄
恵美子
財務相 麻生太郎
衆院議員 岸信夫
養子
幸子
三菱商事パッケージング社長 寛信
安倍晋三
昭恵
森永製菓執行役員 勲

ぜかといえば、近現代史は安倍家のファミリーヒストリーだからです（右図参照）。岸信介、佐藤栄作両元首相は言うに及ばず、かつての外務大臣、松岡洋右《まつおかようすけ》（日本の国際連盟脱退、日独伊三国同盟の締結、日ソ中立条約の締結に関わった）も親戚ですから。いい悪いは別にして、アメリカのブッシュ親子もそうですけど、そのような家系は、名門として歴史にいろいろと関わりを持っているわけです。

一方で、韓国は李明博《イミョンバク》政権時代や朴槿恵《パククネ》政権時代の政府高官が相次いで、不正行為があったと糾弾されました。文在寅《ムンジエイン》大統領は、スローガンの一つに「積弊《せきへい》の精算」を掲げている。積弊とは長い間に積もりに積もった害悪を意味しますが、歴代大統領本人やその家族、関わった人たちを獄に入れないと、韓国人は納得できないのです。

トランプ氏が訪韓したとき、晩餐会が開かれましたが、元慰安婦の李容洙《イヨンス》さん（八十八歳）を呼んだり、〝独島《ドクト》エビ〟を出した。その翌日の『中央日報』（日本語版）では、「安倍氏にひと泡吹かせた1枚の写真」というタイトルで記事が写真付きでアップされたのですが、「ひと泡なんか吹くわけないだろう」と正直思いました。李容洙さんにしても、年齢からして朝鮮戦争時代の米軍の慰安婦ではないかとも推測されています。

文氏はさらに、トランプ氏が在韓米軍司令部のあるハンフリーズ基地を訪問しているとき、サプライズで登場したのです。史上初だったそうですが、本当にバカだなと思います。そんな自己満足のパフォーマンスをしたところで、トランプ氏には迷惑なだけで喜ぶわけもない。

こんな拙劣な外交を続けている文政権に対して、韓国国内の支持率はなんと七四％もある時期がありました。「文在寅は外交上手だ」という声が高まったこともあります。韓国人は井の中の蛙《かわず》状態で、まったく世の中が見えていないとしか思えない。

韓国の歴代大統領は、常に「東アジアのバランサーになる」と言ってきました。半島国家として大国と対峙《たいじ》してきたから、そのような発想が生まれるのは理解できます。でも、そういうどっちつかずの中立的な姿勢は、結局どの国からも相手にされなくなる。

マキャベリの『君主論』に「決断力のない君主は中立に逃避して滅びる。近隣二強国が戦う場合、中立した国は、戦後両国の憎しみを受け、戦勝国の餌食となる」と書かれています。

韓国は同じようなことをずっと続けています。中国に脅しをかけられ、トランプ氏から釘を刺される始末です。にもかかわらず、韓国国民は無邪気に文氏のやっている対北朝鮮宥和政策を喜んでいるのだから、訳がわかりません。

安倍政権としては、中国は利に敏《さと》い国だから、そっちのほうが得だと考えればちゃんと外交ゲームができる国だと見ています。一方で韓国はカッとなったら訳が分からなくなるから放っておけばいい――そのように考えています。政府高官から「戦略的放置」という言葉も聞きました。第一、日米関係が強固になればなるほど、北朝鮮有事が勃発《ぼっぱつ》した場合でも、韓国は黙ってついて来ざるを得ないですから。

北朝鮮有事に関連して言えば、ロシアとの関係も重要だといわれています。しかし、日露関係については非常に難しい面があります。何を目標に日露関係を展開していくのか。「北方領土四島一括返還」を目標にするなら、道は果てしなく遠いと言わざるを得ません。ロシアは中国と同じく力の信奉者です。力で奪った領土を、平和裏に返すなんてことは彼らの発想にはないことでしょう。日本のように憲法上、軍隊を持たない平和主義の国が、ロシアという大国から領土を取り返すのは、とてつもなくハードルが高いことです。現実的に考えて、当面はよくて二島返還だと思います。

ただし、極東（特に北朝鮮）での協力や、日露関係の強化という面に限定すれば進展していくでしょう。ソ連時代に比べれば、ＧＤＰが下がっているとはいえ、軍備はまだまだ強力で、プーチン大統領自身、世界における存在感や発言力も大きい。

日本の短期的利益を得るためだけではなく、世界に睨《にら》みを利かせる意味で、プーチンと電話会談がいつでもできる関係を築いておくことが重要でしょう。

安倍外交の成果は正当に評価せよ

ともあれ、二〇一八年六月に米朝首脳会談が実現しました。朝鮮半島の非核化を進めるということで米朝は一応の合意をしました。その後の交渉は一進一退という感じですが、その過程で、日本は「バスに乗り遅れる」「蚊帳《かや》の外《そと》だ」と批判されることもしばしばでした。

たとえば、立憲民主党の辻元清美国対委員長のこんな発言がありました。

「大きな緊張緩和に向けて動き出している流れに、安倍首相だけが『蚊帳の外』、日本政府だけが置いてきぼりになっているのではないか」

その批判はまったく妥当ではありません。というよりも、事態はその認識と全く逆に動いてきたと言ったほうがいいでしょう。辻元氏の場合、安倍政権をくさすためにわざと言っている可能性もありますが……。

そもそも、これまで外交らしい外交をしたことがない金正恩《キムジョンウン》朝鮮労働党委員長が、どうして対話に乗り出してきたのか。日本が主唱した経済制裁や圧力路線を、トランプ大統領が採用し、日本とともに国際社会をリードしたからです。オバマ前大統領の時には米国は「戦略的忍耐」と言って実質何もせず、北朝鮮を好き勝手にさせて核・ミサイル開発を許してしまったのですから。

つまり、日本の主張をアメリカが採り入れて、そのまま動いているわけだから、もうその時点で〝蚊帳の外〟ではない。

もう一つ、アメリカの北朝鮮政策は、大部分がトランプ氏と安倍首相が相談し、「こうしよう」と共通の意思を持って進めているのです。そしてその際、北朝鮮について詳しく知っているのは安倍首相側ですから、当然、日本の意見がより多く採られることになります。

トランプ氏は当初、米朝首脳会談を南北の軍事境界線にある板門店で行おうとしていました。しかし、安倍首相が「板門店だとどうしても北朝鮮のペースになるし、日本のリエゾン（連絡調整係）も現地に派遣できないので反対だ。シンガポールはどうか」と進言した結果、シンガポールに決定しました。

つまり、開催場所まで日本が主導しているわけです。米朝両首脳が署名文書を作ったのも安倍首相の助言によるものです。それを「蚊帳の外だ」と言うのは、まったく意味不明ではありませんか。

国際政治のメインプレーヤーとなった日本

そのような批判をする人たちは、「安倍憎し」の感情論に囚《とら》われて現実が見えなくなっているのか、安倍政権の外交がうまく展開していることをどうしても認めたくないのでしょう。安倍首相が成功することは本来、日本のためにもなることですが、彼らにとっては自説の間違いを突きつけられることになるからです。だから、国益を損《そこ》ねようと安倍政権には失敗してほしいのです。

また、北朝鮮情勢をめぐる世界各国の外交に関しては、常にアメリカや中国、北朝鮮がメインで、日本は従属的な位置にあると思い込んでいる人たちもいますが、それは倒錯です。

近年は日本がメインプレーヤーです。実際に、安倍首相とトランプ大統領の電話会談でも、トランプ大統領は「日本はビッグプレーヤーだ。これからもそうだ」と評価しました。特に北朝鮮問題に関しては、トランプ氏は安倍首相のアドバイスで動いているといってもいいでしょう。

これまでの日本の外交史の中であり得ないことが実際に起こっていることを、素直に真摯に認め、評価するべきです。

日本にとって最重要課題である拉致問題についても、二〇一八年四月の日米首脳会談で、トランプ氏は「拉致問題解決のために全力を尽くす」ということを記者会見の場で述べました。二〇一七年九月のニューヨークでの国連総会演説では、拉致被害者家族の横田めぐみさんに言及し、同年十一月の来日時には拉致被害者家族会と面会しました。

さらにその際の日米共同記者会見では、産経新聞記者の質問に対し、北朝鮮が拉致被害者を返した場合に触れ、こんなメッセージを発しています。

「(日米に)大変大きなシグナルを送ることになる」

「それは多くの特別なことの始まりになる」

これを北朝鮮側が注視していたのは間違いありません。にもかかわらず、テレビを見ていると「米朝会談で本当に拉致問題が提起されるかどうかわからない」なんて言っているバカなコメンテーターもいました。事実、米朝会談でトランプ氏は金氏に、安倍首相が「金氏にはこう言ってもらいたい」と話した通りに、拉致問題を解決して国交を正常化すれば支援を実施するという日本の考えを伝えて「私のベストフレンドのアベに会ったほうがいい」とアドバイスしています。

それに対し、金氏は「安倍首相に会ってもいい。私はこの問題でオープンだ」と答えたのですから、金氏の脳裏にも拉致問題の重大性が刻まれたということです。

この件でもう一つ画期的なのは、拉致問題の解決が朝鮮半島の非核化プロセスに明確に組み込まれたということです。オバマ前政権時代までのアメリカは、表向きそうは言わなくても「拉致問題は非核化の邪魔だ」という本音をちらつかせていました。それがトランプ政権になって安倍首相が盛んに吹き込んだこともあり、米国の北朝鮮非核化政策の柱に入ったのです。

トランプ氏は、米国は金は出さないと明言しています。出すのは日本と韓国ですが、韓国は経済状況がよくない。結局、北朝鮮が拉致問題解決を決断しない限り、北朝鮮は経済制裁も解いてもらえず、支援も受けられないという構図がはっきりしたのです。

とにかく、アンチ安倍をこじらせた人たちは日本が負けていなければ安心できない、安倍政権がダメでないと納得できないという、ある種の病的な心理が働いているのではありませんか。

実際に目の前で起きていることを、もっと虚心《きょしん》に平たく見たほうがいいのではないかと思います。

北朝鮮問題解決へのタフな交渉

二〇一八年五月に、東京で日中韓サミットが行われました。私は長年、こんなのは意味のない枠組みのサミットだと思っていました。ですが、今回は非常に有意義だった。なぜなら、日中韓共同声明に初めて「拉致」についての記述が加えられたからです。中国外務省はかなり抵抗したようなのですが、李克強《りこっきょう》首相が最終的にゴーサインを出しました。

その前段、安倍首相と習近平国家主席との間で、初の電話会談がありました。そのとき、両首脳は拉致問題の早期解決に向けての協力を確認し合ったのです。

金正恩氏が二回も中国に行って、臣下の礼を取っているのにもかかわらず、中国が拉致問題の解決に向けて提起した。日中首脳間でこうした認識を拉致問題で共有したのは、これが初めてです。

さらに安倍首相と文在寅《ムンジェイン》大統領の電話会談のときは、文氏が「もしかして私のことを疑っているかもしれないが、私は国連決議に従って実施している制裁を勝手に解除するようなことはない。信じてもらいたい」と低姿勢の口調で述べ、拉致問題解決に向けてあらゆる協力をすると言ったのです。

確かに文氏の言うことを一〇〇％信用できない面もありますが、首脳会談でここまで言いきれば、それに反する行動は取りにくいでしょう。

こういう各国首脳の一連の発言を見ても、北朝鮮問題を何とか解決したいというのが、共通認識になっているのは間違いありません。

もちろん、トランプ氏が拉致問題解決を要求しても、米朝首脳会談後に、日朝首脳会談を開催しなければ、拉致問題を進展させることは難しい。当然、北朝鮮は拉致した日本人を返す場合の見返りも求めてくるでしょう。そこはタフな交渉が必要です。すでに秘密裡に水面下で日朝協議が行われています。

拉致被害者の安否

そこで問題なのが、拉致被害者の安否です。ある政府高官によると「誰が生きているのか、さらに何人生きているのかわからない」のが実態であり、日本の貧弱な情報機関では、とても状況を正確に把握できていないとのことです。そこが日本の弱みです。

また、北朝鮮がせっかく手にした核・ミサイルを本当に放棄するはずがないという見方も根強い。それは北朝鮮のこれまでのやり口をみれば理解できます。しかし、たとえ今までがそうだったとしても、金正恩氏にしたら本当に自分の命が危ないと思ったら解放するはずです。自分が米軍に殺されてしまえば、核も何も元も子もありません。

第一、北朝鮮が首脳会談で約束したことを、いきなり反故《ほご》にし、日米をはじめ国際社会を騙したとして得るものはなんでしょうか。何もありません。これまでは、うまく国際社会を騙して制裁を解除させたり、重油支援などを受けたりした後に手のひらを返してきました。ところが今回は、まだ何も手にしていないのです。

もし、アメリカが「騙された」と判断した段階で、北朝鮮の体制は保証されなくなります。トランプ氏が軍事攻撃に踏み切る可能性が再び高まります。アメリカは過去に、国務長官が北朝鮮に手玉に取られたことがありますが、今回の相手は国家元首であるトランプ氏本人です。それも金氏と会談して約束も交わしているのです。そのうえで「あれは嘘だ」ということになれば、アメリカは決して許さないでしょう。即軍事行動になります。

現在の北朝鮮がノドから手が出るほど欲しいのは、経済制裁の解除と資金です。とりわけ資金に関して具体的に提供できるのは日本しかありません。

日本は一九六五年に日韓基本条約を結んだときに、今の金額で一兆円規模という資金援助を韓国にしました。北朝鮮もほぼ同額か、それ以上のものがもらえると踏んでいるはず。実際に日朝平壌宣言の密約の中で、一兆円規模の経済支援を約束したと言われています。

抜け目のない北朝鮮が、のどから手が出るほど欲しい日本からの資金援助を得られるチャンスを無駄にするようなことはしないはずです。

風雲急を告げる極東情勢

アメリカがシリアに対して二度目のミサイル攻撃を実施し、イランとの核合意を破棄しましたが、北朝鮮への影響を考えると日本にとってはよいことです。アメリカが本気になれば、いつでもミサイルを飛ばすと、北朝鮮への脅しになっているわけですから。その後では、軍事力でなくても、〝経済制裁〟というか〝貿易戦争〟で、本格的に中国を追い詰めていこうともしています。

日本は残念ながら、外交の土台となる軍事力、特に敵基地攻撃能力が現時点ではまったく整備されていません。北朝鮮からすれば、日本は怖くもなんともないわけです。

確かに海上自衛隊のヘリコプター搭載護衛艦「いずも」の空母化や、空対地ミサイルの長距離化などを進めていますが、これは彼らに脅威感を与えるにはまだまだ不十分でしょう。

とはいえ、本来であれば、こういう日本の防衛力強化の動きがあれば、国会で大激論になるはずですが、まったく騒がれもせず、スムーズに審議されている。なぜかといえば、国民自身が厳しい国際情勢を見て、そう対応するのが「当たり前だ」と思っているからです。

ただ、現時点で日本が切れるカードは「金」しかありません。安倍首相もフジテレビの報道番組で「日朝国交正常化は極めて重要なピースだ」と述べている。つまり、北朝鮮に対して暗にメッセージを送っているわけです。

一応、米朝首脳会談では「朝鮮半島の非核化」を共同宣言しました。しかし、その究極的意味は在韓米軍の撤退です。米軍は政策上、核がどこにあるのかを明言しません。

そうなると、〝非核化〟実現後、韓国に米軍が存在したら、そこに核がないことが他国にバレてしまいます。しかも、トランプ氏は商売人で、無駄な出費だと考えている在韓米軍はさっさと撤退させたいと思っている。文氏も、〝従北ナショナリズム〟の信念からも、早く米軍は撤退してほしいと本音では思っている。中国、北朝鮮は言わずもがなです。

こういった要素を加味すると、段階的であれ在韓米軍の撤退が進むのは間違いありません。その場合、二つ考えなければいけないことがあります。

一つは、撤退した米軍の半分は本国に戻ると同時に、東アジア防衛の観点から、もう半分は日本に移転するかもしれない。そうすると、「思いやり予算」など日本の負担は新たに増える可能性が出てくる。で、自衛隊の拡充や新たな装備導入など防衛費増も覚悟しなければいけない。

もう一つは、南北両国が、すぐにではないにしろ統一に向かっていく可能性もある。

非核化された統一朝鮮が、どこの「核の傘」に入るかというと中国でしょう。つまり、「統一朝鮮」は、当然、中国軍の影響下に入る。そうなると、南北を分けていた三十八度線が、対馬海峡まで下りてくることになるわけです。日本は中国と対峙する最前線という位置づけになります。

ですから、今後一年二年で起こることは、日本にとって戦後初の安全保障戦略上における歴史的な大転換点になるかもしれないのです。

それなのに、日本の野党もマスコミも砂に首を突っ込んで現実を見ないラクダの平和を続けていいます。いや、自民党内にも現実から目をそらし、空想的平和主義に逃げる人たちは少なからずいます。安倍首相が小泉内閣の官房副長官時代、首相官邸内で安全保障問題について議論をしていたら、当時の福田康夫官房長官にこう言われたそうです。

「そんな話をしていたら、本当にそうなっちゃうからやめろ」

言霊《ことだま》信仰だか何だか分かりませんが、憲法九条の条文さえ唱えていれば、世界の平和は保たれるといったためちゃくちゃな思い込みは、日本社会を広く覆ってきました。それが最近、ようやく少しずつ変わりつつあると感じています。

今、安倍首相という、時には言い合いがあったとしても、トランプ大統領と世界一仲がいいトップがいて、外務省もやる気になっています。外務省の実務者たちの中には、安倍首相を「外交の天才」と呼ぶ人も珍しくないのです。

こういう時期に〝蚊帳の外〟も何もない。日本はまさに当事者なんです。

不合理極まりない「モリ・カケ」報道

では、その国際情勢が激動している時に、国会に目を転じると、一体何を審議していたのか。相も変わらず、立憲民主党や日本共産党が、首相秘書官が学校法人の誰かと会ったか会わなかったか、ということばかり。だいたい民間の学校法人が学部新設にあたり、内閣府や文科省の職員に面会を求めたり説明を聞きに行ったりするのは、当たり前のことではありませんか。

むしろ、新しい獣医学部を作らせたくない日本獣医師会が政治連盟を持って関係省庁に圧力をかけ、石破茂さんや玉木雄一郎さん、福山哲郎さんなどに働きかけたり、百万円の政治献金を行ったりしている。岩盤規制を撤廃したい側ばかりが非難されて、守旧派の規制側が金までバラまいていることはどうして注目されないのでしょうか。その点を鋭く追及した元朝日記者の長谷川熙氏の『偽りの報道——「冤罪「モリ・カケ」事件と朝日新聞」（ワック）はぜひ一読して欲しい本です。不合理極まりない。

日本のマスコミも野党も、昔からそうだったと思いますが、近年さらに本末転倒ぶりが目立ちます。今こそ「国益」を真剣に考えるべきだと思います。こういうと、日本のジャーナリストの中には「ジャーナリストは国益を考えるべきではない」という人もいましたが、とんでもない話です。国益を考えないなら、いったい何のためにジャーナリストになったのか。単なる個人的な出歯亀趣味を満たすためなのか。

結局、その時期、一番低かったＮＨＫの世論調査でも、安倍内閣の支持率が三八％ありました。この数字は歴代政権と比較してみても、低い数字では決してありません。逆に言えば、どんな逆境下であろうとも、安倍内閣を支持する層が確実に三割はいるという証拠です。

「三選は危うい」と唱えたウソつきたち

もちろん、支持しない層が五割もいる状況は好ましいとは言えません。でも、それによって政権運営に支障が出るかと言えば何もなかった。その頃、総裁選に関して、安倍首相三選の「暗雲漂う」とか、「黄信号が出ている」とマスコミで報道されました。果たして何か根拠があって事実を伝えていたのか。

自民党議員約四百人のうち、安倍首相が所属する細田派、二階派、麻生派で百九十五人います。菅官房長官をはじめとした無所属で安倍首相を支持する層が三十人。この時点で過半数を優に上回っています。だから最初から勝負は決していました。

竹下亘《わたる》自民党総務会長が「総裁選で誰を支持するか、直前まで決めない」と発言しました。いかに自分たちの派閥を高く売りつけるかという戦術ではありますが、石破さんに支持が流れるかといったら、いまだ強い影響力を持つとされる引退した参院議員、青木幹雄元官房長官あたりが支持に回ったとしても、大した数は流れなかった。衆院はおおむね安倍支持、参院は石破支持と分裂しました。要は自主投票という派閥としてはみっともない決着でした。岸田文雄政調会長も、ぎりぎりになって、結局、安倍首相支持に回りましたが、それ以外に選択肢はなかった。

こういった現状を普通に読み解き予想すれば、安倍首相三選が堅いのは明々白々でした。あえて言えば、完全に圧勝ムードだったのが、党内でバランス意識が働いて石破さんが多少は善戦するかもしれない、という程度に変わっただけの話だったのです。

ところが、ある政治評論家は、「大型連休明けに安倍首相は電撃辞任するかもしれない」などとテレビでコメントしていた。「政治を本当に知っているのか」と聞きたくなります。己の夢想や願望を口にしていただけでしょう。そういうコメンテーターを好んで使うワイドショーの問題は根が深い。

ただ、三選したあと、三年後の二〇二一年秋に安倍首相は退任します。その後の「安倍ロス」状態が本当に怖い。東京五輪終了と同時に、五輪景気も終わるでしょう。少子高齢化はますます進んでいきます。中国の軍拡、朝鮮半島情勢など、次期首相は大いなる難題に立ち向かわなければなりません。

モリ・カケ問題で国会を空転させているくらいだったら、「北朝鮮」と「少子高齢化」という二つの国難を真剣に議論すべきだったのです。

小泉元首相は晩節を汚した

にもかかわらず、マスコミをはじめ、まわりの人々は安倍首相の足を引っ張ることばかりしていた。たとえば、小泉元首相は「総裁選の三選は危うくなったんじゃないか」という発言を公の場で繰り返していました。客観情勢はたとえそうではなくても、世間の印象を「安倍さんはもう落ち目だな」という方向に植え付けることは、多少はできたかもしれません。

小泉さんの言動は最近とみにひどく、首相周辺では「安倍首相の実績に対する嫉妬だろう」という声もあがっているほどです。息子の小泉進次郎さんもいろいろと暗躍しました。

小泉さんは五年首相を務めあげて、郵政民営化などそれなりの実績も上げてきたという自負があるのでしょう。ところが、安倍首相がどんどん自分の実績を越えていってしまっている。嫉妬する気持ちはわからないでもありませんが、もう少し自重してほしいものです。

「総理が『私や妻が森友学園に関係あったら、総理も国会議員も辞める』と言った。首相の答弁に合わせないといけないということで、この（財務省決裁文書の）改竄が始まったと私は見ている。忖度したんだよ。関係あるような書類は全部変えないといけないと思ったんじゃないか。私はそう想像している」

小泉氏は二〇一八年三月のＢＳフジ番組ではこう語りましたが、想像程度で元首相が口にしていい内容だろうか。無責任極まりない言動です。そもそも、財務省は安倍首相が「関わっていれば辞める」と答弁する一年八カ月も前の二〇一五年六月にも森友関連のメモを削除しています。小泉氏は晩節を汚しているようです。

ただ、根拠はなくても野党や無責任なOB政治家、マスコミなどに攻撃され続けると、政権の体力が弱まるのは事実です。NHKの世論調査などで「安倍首相の人柄を信用できますか」という質問に、「信用できない」と答えた人が五割いました。多くの人たちは安倍首相に直接会っているわけではないのに、そう感じるのはなぜか。要するに、安倍首相をネガティブに報道することが一定期間は功を奏しているとも言えるのです。

確かな判断力を持つために必要なこと

そういう意味で、日本社会で正常な判断力がやや失われつつあるような気がしないでもありません。もう少し平衡感覚を持ち、当たり前の常識に立ち返ってほしいと感じる場面にも出くわします。特定の誰かを悪者、スケープゴートにし、寄ってたかって全力でたたくというのは見ていて気持ちがいいものではありません。

財務省の福田淳一前事務次官のセクハラ問題にしても、立場のある大人が言う言葉ではないことは確かですが、一方で、新聞記者やテレビ局、特に民放は、女性好きの政治家に対しては、必ず女性記者を担当にしていました。

山崎拓元自民党副総裁という有名な女性好きな政治家がいましたが、私は一カ月間担当したことがあります。そのとき、民放の記者は確か全員女性だった。しかも、その中の一人は山崎拓さんとかなり親密な関係にあると記者の間で噂されていました。魚心あれば水心あり……なのです。他紙の女性記者から、上司に「刑事と寝てでもネタを取ってこい」と言われた話を聞いたこともあります。

そういう人事、取材手法を過去にしておきながら、今になって財務省をセクハラ発言で抗議する。これはどういうことでしょうか。マスコミは自分のことを棚に上げすぎです。事の軽重と優先順位がわからなくなっている気がします。一つ難癖をつけたら、その人間のキャリアをすべて奪ってしまっている。これで国が良くなればまだしも、悪い方向に流れていく恐れのほうが大きいのではないでしょうか。

世間の一方的な意見ばかりを聞いていたら、日本もいつの間にか韓国のような実定法よりも国民感情が優先する「情治国家」になってしまう。それは日本にとって、もっとも恥ずべきことではありませんか。マスコミの片隅で禄《ろく》を食《は》んでいる私が言うのは、天につばするようなものかもしれませんが。

第三章

北朝鮮に媚びる朝日・リベラルと闘う

処刑場に引かれていく牛のようだった金正恩

二〇一八年六月の米朝首脳会談の成果について、日本の政府高官は「政府は表向きは会談内容を評価しているが、核やミサイルの廃棄についてはまったく評価できない。米国は北朝鮮に譲歩してしまっている。ただし、拉致問題に関して、安倍首相が伝えたことはすべて伝えている。そこは高く評価している」と話していました。

確かに、核ミサイルに関しては、アメリカが譲歩したという印象は否めません。「完全かつ検証可能で不可逆的な非核化（ＣＶＩＤ）」が文書に盛り込まれなかったことも批判されています。

ただ、これも考えようではないか。私は会談を肯定的に見ています。

トランプ大統領と朝鮮労働党委員長、金正恩《キムジョンウン》という二人のトップが史上初めて会って話をした。金氏は会談の初め、明らかにおどおどして緊張した姿をあらわにしていました。まるで処理場に引かれていく牛のような感じでした。もしかしたら、暗殺されるのではないかと疑心暗鬼になっていたのかもしれません。

今まで北朝鮮は何度も国際社会にウソをついてきたわけですが、今回ウソをついていたら、金氏本人の命と金王朝の命運にかかわることです。それが緊張ぶりに表れていました。

アメリカの国家元首、しかもトランプ氏のような強い個性を持ったトップを、公衆の面前で騙したとなったら、アメリカは絶対に黙ってはいない。それは金氏にだって十分にわかっています。

自身の命と引きかえになら妥協する?

ですから、文書の内容は不十分でしたが、「これを反故《ほご》にしたら、どうなるかわかってんだろうな、お前」というアメリカの意思も伝わっているはずです。トランプ氏も金氏の顔を立て、公然と脅しをかけることはしてはいませんが、その背後では軍事的行動も辞さないことを、シリアの攻撃などで示している。金氏からしたら、本当に戦々恐々としていただろうことは想像に難くない。

北朝鮮は核を絶対に手放さないという見方がありますが、さすがの金氏も、自分自身の命がかかっていたら別でしょう。核より自分の命が大切ですよ。彼のように、独裁者で多くの人を粛清してきた人間は、相手だってそうするだろう、自分だって同じように殺されるかもしれないと思いますから。

とにかく、米朝会談によって、ようやく、次の段階に向けた一歩を踏み出すことができた。ポンペオ国務長官を中心にした米朝協議もスタートしています。

今回、ボルトン大統領補佐官（国家安全保障担当）も注目された人物の一人ですが、注目すべき記事が掲載されました。

元外務省官僚でいわゆるリベラル派の天木直人《あまきなおと》氏のコメントには笑ってしまいました。安倍首相が訪米した際に、同じく外交官出身で国家安全保障局長の谷内正太郎《やちしょうたろう》さんがボルトン大統領補佐官に会ったときのこと――「北との交渉から外されたボルトン氏とこのタイミングで会ってどうするのか。外交オンチにも程があります」（『日刊ゲンダイ』二〇一八年六月九日付）とコメントしています。

ところが、ボルトン氏は、シンガポールでの米朝会談の席でも、まったく外されていませんでした。少人数会合にも出席しているし、トランプ大統領の記者会見のときでも、ポンペオ氏と並んで外交交渉の一員として、ボルトン氏の名前があがっていました。天木氏の見解はまったく的外れだったのです。ボルトン氏は過去の経緯も熟知した北朝鮮の専門家で強硬派ですから、間違っても北朝鮮に騙されることはありません。

トランプ氏が、どこまで意図的にやっているか分かりませんが、かなり硬軟織り交ぜながら北朝鮮と交渉を重ねています。持ち上げては落としての繰り返しで、なだめすかしたり、釘を刺したりで交渉を進めてきました。

今後の対応にしても、物事をパッと進めると評価しているポンペオ氏、北朝鮮に対して絶対に甘い顔をしないボルトン氏、このアメとムチの両方をかませて相手を翻弄していくんだろうと思います。

ちなみに、ポンペオ氏に関しては、どうやらトランプ氏の後釜を狙っているという説もあります。だから何としても外交交渉で成果を出したいと思っているようです。ただ、功を焦ると、必ず譲歩する結果になることは、過去の例から見ても明白なのですが。その意味で、トランプ氏の指示による八月末のポンペオ氏の突然の訪朝中止は却って北朝鮮に〝喝〟を入れることになったかもしれません。

日本に頼らないとジリ貧になるだけ

ともあれ拉致問題に関して、文書に盛り込まれなかったと、日本のメディアで批判されましたが、トランプ大統領は安倍首相から再三聞いていた話を金正恩にすべて伝えているようですから、かなり評価していい。つまり、日本は断固として、拉致被害者を帰してもらわなければ、国交も正常化しないし、経済支援もしないという立場を今後も続けていけばいいだけです。

トランプ氏との会談で、金氏は、拉致問題を解決しなければ日本からの支援は望めないというトランプ大統領の話を、よく聞いていたとのことです。

北朝鮮の国営メディアは、日本に対して「悪い癖を捨てない限り、一億年たっても、共和国（北朝鮮）の神聖な土地を踏めないだろう」なんてことを言っていますが、これは、逆に日本のことを気にしていますよ、と暗に言っているようなものでしかない。日本が本当に「蚊帳の外」だったら、あんなことわざわざ言う必要はありません。第一、国営メディアが何を言おうとほとんど意味がありません。最終的に全てを決めるのは金氏なのですから。

重ねて強調しますが、北朝鮮にとって、まとまった経済援助は日本しか期待できない。韓国の経済支援といっても、韓国はそんなに経済状況がよくありません。一兆円規模となると、とても難しい。北は、韓国と国交正常化した時に経済支援をしてもらった前例があるので、それと同額かそれ以上を狙っていると思いますけれども、日本からはそれ以上もらえる可能性がある。

本当に北朝鮮は資金が底をついている。今回の首脳会談でも利用したシンガポールのホテル代すら払えない。そもそも、独裁者が周囲を束ねるためにどうするかというと、側近をはじめ特権階級に特別恩給を渡すことで忠誠心を買っていたわけです。

でも、それを渡すことすらできないほど、財政危機に陥っている。洋上で船舶同士で取引する石油などの「瀬取り」も活発ですが、かなりブロックされています。

となれば、北朝鮮は拉致問題に関して、迅速に前向きに取り組まざるを得ない。そうしないとジリ貧になっていくばかりです。

全身全霊を傾けて交渉していくしかない

そもそも金氏は、日本人の拉致問題に関してどの程度、重要性を理解していたのか。周囲や部下は、これまできちんと耳に入れていなかった可能性もあります。いくら水面下のやりとりで日本側が言っても、北朝鮮側が都合が悪くて報告しない場合もあるでしょう。

だから、「解決済み」ということで通せると思っていたのかもしれません。しかし、徐々にそれでは通用しないことがわかってきたことでしょう。やはり、トランプ氏が直接、金氏に伝えたのは決定的です。

もちろん、だからといって楽観はできません。拉致問題の象徴とも言える横田めぐみさんをはじめ、政府の公式認定者など、みな帰してもらわないといけません。

安倍首相は、拉致被害者、特に認定被害者の一人ひとりについて、北が帰せない個別の事情などをしっかりと勉強していますが、被害者がどこで何をしているのかは、わかっていません。北朝鮮は過去、小泉首相（当時）が訪朝したとき、めぐみさんのニセ遺骨を出してきましたが、交渉が始まった段階で、再び何をしてくるのか用心しなければいけない。

日本の政治家の中で最も拉致問題に関して知識のある安倍首相ですら交渉が厳しいんですから、他の政治家では到底無理だろうと思います。これからの新たな任期中に、安倍首相に全身全霊を傾けて取り組んでもらうしかありません。

米朝間の非核化には長い時間がかかるとされていますが、拉致被害者は金正恩さえ決断すればすぐに帰ってこられる。そのためには、まず日朝首脳会談のプロセスは必ず踏まなければなりません。

対馬列島が防衛ラインになる日がやってくる

もう一つ、トランプ大統領が米韓合同軍事演習の中止に言及したことにも非難が集中していますが、私が以前から言っているように、トランプさんは米軍の海外駐留をしたくないし、海外での演習もしたがらない考えを持っています。何よりもお金がかかるからです。

「朝鮮半島の完全な非核化に合意した」と文書で明記されています。「完全な」ということは、いずれは米軍の駐留もやめるということです。となると、とりあえずは合同軍事演習どころではありません。

アメリカからすると、極東の防衛ラインにおいて、韓国は視野に入れていないとも言えます。かつての「アチソンライン」（一九五〇年、アメリカの政治家、ディーン・アチソンが「不後退防衛線」について演説したことに基づく考え方。韓国は防衛ラインの外だとされていた）もありました。

会談後のトランプ氏の記者会見でも、安倍首相に対する感謝を何度も表明しましたが、文在寅《ムンジェイン》大統領についての言及はほとんどなかった。

トランプ氏が文氏のことをまったく信用していないのは明らかですが、現在の米政府は韓国全体についても、そういう感情を抱いているのではないでしょうか。

中国すら韓国のことはどうでもいいと思っている。中国のある高官は「われわれも韓国にはほとほとあきれている」と言っていたそうです。カーッとなったら、もう止まらない。韓国を知れば知るほど、そのような理解にならざるを得ないのです。当初は韓国に同情的だったオバマ政権ですら、最後には韓国に対して「韓国は正常ではない」と一定の距離を置くようになった。

こういう意味でも、日本は、今後の国際情勢が一気に変化することを想定して対応していかなければなりません。三十八度線から対馬海峡にまで、アメリカの防衛ラインが下がる可能性は否めない。

本当に朝鮮半島が非核化されて、在韓米軍も撤退するとなると、朝鮮半島はどこの核の傘に入ることになるのか。前述したように、今の流れだと中国の核の傘に入りたがる可能性が高いでしょう。

つまり、日本は尖閣諸島に加えて対馬列島で中国と直接対峙することになる。日本の〝台湾化〟です。日本は防衛力の向上、人員増や防衛費増も含めたさまざまなことを考えなければなりません。「対馬防衛」について、本気で取り組まなければいけない状況が来ているかもしれないのです。

辻元・朝日・河野（洋平）三者の異様

立憲民主党の辻元清美国会対策委員長は米朝首脳会談の感想について、「日本が蚊帳の外に置かれているような外交になっている。自分たちが今まで言ってきたことのメンツは捨てなさい。実を取る外交に転換してほしい。人頼みはあかんのちゃいますか」と、また「蚊帳の外」論を持ち出して、まるで人ごとのように述べています。

辻元氏自身は、かつてインターネット上のインタビューで、「北朝鮮には（戦後）補償を何もしていないのだから、そのことをセットにせず『九人、十人返せ』ばかり言ってもフェアじゃない」と発言し、批判されています（二〇〇一年十一月付）。拉致被害を軽視していた辻元氏が、安倍首相を批判する資格なんて一ミリたりともありません。

朝日新聞は朝日新聞で公式ツイッターで、自分たちの記事を引用して「日本政府クギ刺し、トランプ氏に利かず『ゼロ回答だ』」とツイートしていました。だいたい朝日は「拉致被害者」のことを「密出国者」「行方不明者」と頓珍漢なことを書いたり、あるいは「拉致被害者は国交正常化の障害」と人権侵害のようなことを書いたりで、訳のわからない報道を続けてきました。

さらに、こんな中で河野洋平元衆院議長は「ただ被害者を返せ、返せと言っても、なかなか解決しない。国と国の関係を正すという手順を踏まざるを得ない」と、拉致問題は国交正常化後でいいということを講演会で発言しています。辻元氏のかつての発言とそっくりだと感じました。

かつて、外務省アジア局長に内定していた槙田邦彦《まきたくにひこ》氏が、「たった十人のことで日朝正常化交渉が止まっていいのか。拉致にこだわり、国交正常化がうまくいかないのは国益に反する」と発言し、物議を醸したことがあります（一九九九年十二月）。

これを受けて、私が別の外務省幹部に取材したところ、「（当時の）河野洋平外相が日ごろから話していることを、槙田氏は引用した形だ」と告げられたことがあります。

文書などの証拠も日本側の証言もないままに慰安婦募集の強制性を認めた「河野談話」といい、河野洋平氏は本当に許しがたい人物です。やたらと中国や北朝鮮、韓国にはいい顔をしてみせますが、同胞の命や人権をどう考えているのでしょう。

辻元氏、そして朝日新聞もそうですが、「特定アジア」にばかり忖度するような人たちが、北朝鮮を利し、拉致問題解決を遠ざけてしまうのです。彼らの目に入る世界とは、中国、韓国、北朝鮮の三カ国だけなのかもしれません。

彼らは何としてでも安倍外交の成果を貶《おとし》めたいのでしょう。でも、まったく的を射ていないのが現実です。それは当然で、彼らは現実を見ずに自分自身の偏った価値観に基づいて観念論を唱えているだけですから、現実にいつも裏切られるのです。

安倍首相の悲願は、憲法改正だとよく言われます。でも、周囲からあれほど嘲《あざけ》られながらも、六年前に二度目の総裁選に挑んだのは、それ以上に、拉致問題は自分でなければ解決しないという思いが大きかったからではないでしょうか。実際、かつては拉致議連会長を務めたこともある石破茂氏の著書『政策至上主義』には、拉致問題はまったく出てきません。石破氏はむしろ、北朝鮮に宥和的ですらあります。

二〇〇六年、第一次安倍政権のときに首相の秘書官を務めていた井上義行氏（現在は参院議員）を、退任後にインタビューしたことがありますが、北朝鮮と水面下の交渉をかなり進めていたそうです。井上氏自身も訪朝して秘密交渉に当たっており、安倍政権がもっと長く続いていれば、拉致被害者は帰ってきただろうと明言していました。当事者がここまで言うほどですから、何かしらの明確な動きはあったのでしょう。

それがここ十年以上、拉致に関しての顕著な動きがまったくなかった。第一次安倍政権が一年で潰《つい》えたことが大きかったし、ほかの首相では、拉致問題を解決する能力がなかった証拠でしょう。ましてや民主党政権であれば、なおさらです。

日朝交渉における二回分の欠落文書

それにつけても、何度でも言いますが、国会で二年近くも、モリ・カケ問題が騒がれ続けたのは異常な光景でした。森友学園問題では、財務省の文書改ざんが大きく取り上げられ、加計学園問題では、文科省に「総理の意向」と記された文書の存在があったと、もっともらしく取り上げられました。朝日新聞が、この文書の中の「『国家戦略特区諮問会議決定』という形にすれば、総理が議長なので、総理からの指示に見えるのではないか」という逆に首相指示などなかったことを示す一文を隠して報じ続けてきたことは話題になりました。この隠蔽は朝日報道の正体を白日の下にさらしました。

また、愛媛県には首相秘書と加計氏が面会した文書が存在しているなどと、野党や朝日は安倍政権に対して、性懲りもなく批判の声を上げ続けていました。

ところが、北朝鮮問題では、田中均《ひとし》元外務省アジア大洋州局長が北朝鮮との間で行った外交交渉記録文書が欠落している事実について、まったくの沈黙を続けています。

この欠落については、二〇〇八年二月九日、私は産経の一面で「日朝交渉の記録欠落小泉元首相初訪朝直前」、三面で「『2回分』廃棄？ 未作成？ 拉致協議障害も」と題して記事にしました。複数の政府高官の証言を集めて書いたものです。

二〇〇二年、小泉純一郎元首相が初訪朝する際、当時の田中氏らが、北朝鮮側と交渉を行った二回分の議事録、しかも、九月十七日に訪朝する直前の最重要であるはずの二回分が欠落しており、なおかつ、外務省内に保管されていなかったという事実を指摘したものです。

約三十回にわたって水面下で日朝交渉をしているうちの、直前の二回となると、おそらくは経済支援の問題や、拉致問題など、最重要課題が話し合われたと思います。一兆円とも八十億ドルともいわれる北朝鮮への経済協力の協議場面に関しては、ほかの議事録にはまったく記載されていません。となれば、欠落した二回分の交渉時に話し合われたと考えるのが自然でしょう。

外交交渉を担当していた田中氏が破棄ないし、最初から記録をさせなかったのではないか。その可能性が非常に高いと、当時の政府高官たちは証言しています。

ある政府高官は私の取材に対し、

「拉致被害者八人死亡などの生存情報について、ある程度、事前に話が出ていたのではないか、そういう話もせずに、首相に北朝鮮訪問をさせることなどあり得ない。記録を残すと、誰かにとって都合が悪くなったからじゃないか」

と指摘していました。「誰か」が誰を指すのかは明らかです。

外務省の幹部も、

「北朝鮮との最終段階で、どういう協議が行われていたのか、田中さんと通訳しか本当のところはよくわからない」

と言っています。その中身を記した肝心な文書がないのです。

二〇一八年六月の米朝会談以降、日朝交渉も始まるのではないかというこの時期に、日本側が北朝鮮と過去、どのような交渉をしたのかがわからないのは圧倒的に不利です。仮に北朝鮮側から「あのときの日本はこう言ったじゃないか」と出鱈目を言われたとしても、反論のしようがありません。

これほどの大きな問題を、当時も今も、野党・マスコミは、ほとんど取り上げようとしません。モリ・カケ問題で文書を役人が改ざんするはずがないとか、的外れなことも含めて、あれほど盛んに追及してきた人たちが、なぜ、これほど重要な文書の欠落については、声を上げないのでしょうか。ここでも、事の軽重と優先順位を取り違える、いつもの現象が起きています。

この外交文書欠落は、モリ・カケの文書問題とは、レベルがまったく違う話です。外交上、日本にとってこの上もなく重要な交渉は、すべて記録に残して、幹部や担当者で情報を共有し、一定期間を経て国民に公開されるべきものです。そうしなければ、外交の成果や継続性は無に帰するし、どういう密約が交わされていようと、まったく不明になってしまいますから。これは日本と日本人に対する裏切り行為だとも言えます。

誤魔化し以外の何物でもない

当時、記事を書くにあたって、私は田中氏に直接、電話取材をしています。田中氏は、朝鮮総連同様に、産経の取材は原則受けないという立場でしたが、短く話をすることはできました。当時は、公益財団法人日本国際交流センター・シニア・フェローという肩書でした。

田中氏は「私は今外務省にいる人間ではないし、ちょっと知らない。当時、私は局長だったので、自分で記録を書くわけではない。記録があるかないかは、外務省に聞いてほしい」という回答でした。「ああ、とぼけているな」と思いました。

二〇〇八年二月九日に記事が掲載された後、十二日に、当時外務大臣だった高村正彦氏の記者会見が行われました。別の取材で私自身はその記者会見に出席できませんでしたが、記録を読むと以下のようなやり取りがあったのです。

記者「土曜日の産経で、日本と北朝鮮との交渉で、小泉訪朝前の記録に欠落が出ているとある。記録をもともと作っていないのか、あるいは作ったがなくなったのか？」

高村氏「外交交渉の直接のやり取り、その準備段階でどういうことをしたかについて私から申し上げるつもりはありません」

記者「やり取りがどういうものだったのかということとは別に文書管理について」

高村氏「いや準備段階についても、申し上げるつもりはありません。ただ申し上げられることはその時のことについても外務省の中で引き継ぎはきっちりできていますので、これからの外交を進める上で支障はないことだけ申し上げる」

記者「それとは別に……」

高村氏「これ以上やり取りしても押し問答ですから」

記者　「正面からきちんと答えていただきたいが、文書管理は問題になっており、私だけの関心ではない。外交文書が欠落しているという報道があって、実際欠落しているのか欠落していないのか、調査するのかしないのか」

高村氏　「今調査する必要はないと私は思っているし、その時の事情については引き継ぎがきっちりなされているのでそのことを申し上げたい」

しかし、引き継ぎがなされていると強弁するのは、明らかに誤魔化し以外の何物でもない。その後、ある外交当事者は、「自分も外交文書の欠落を調べたけれども、やはり文書はなかった」と言っていました。つまり、引き継ぎなど、まったくなされていなかったのです。歴代の次官も知らないし、第一次安倍政権のとき、安倍首相は官房長官にも調査を命じたけれども、見つけることはできませんでした。

文書の行方は、田中氏とその腹心だった北東アジア課長の平松賢司《ひらまつけんじ》氏（現、インド大使）らしか知らないのだと思います。

「外交を語る資格のない」面々たち

さらに、産経の記事が出て十日後の二〇〇八年二月二十二日、閣議で政府答弁書が決定されました。鈴木宗男氏の質問主意書に答えたもので、「この報道は事実か」という質問に対して、政府は「お答えすることは差し控えたい」という答弁書として決定しました。つまり、否定できないけれども、認めもしないという玉虫色の決着をつけたのです。

この問題について他のメディアも、自ら取材すれば証言してくれる政府高官や外務省幹部を見つけることはできたと思います。でも、ほとんどのところが黙殺しました。

なぜ、このようなことになったのか。昔から続く北朝鮮への配慮なのか、それ以外の何らかの理由があるのか、価値判断がおかしくなっているのか……その理由はわかりません。そのすべてであるかもしれません。

この外務省の文書欠落に関して、このまま世の中から忘れ去られていくのかと思っていたところ、第二次安倍政権になって、突然、田中氏が『毎日新聞』紙上で、安倍政権の外交姿勢に対して批判を展開し始めたのです（二〇一三年六月十二日付）。

その田中氏の批判に対して、安倍首相が即日、フェイスブックで反論しました。

「彼（田中氏）に外交を語る資格はありません」

そうしたら、例のごとく、田中氏のシンパである朝日新聞が社説で「個人攻撃だ」とかみついてきました。朝日の社説をよく引用する当時の民主党幹事長、細野豪志氏がやはり朝日と同じ趣旨の批判をした。

ところが、朝日も細野氏も安倍首相のフェイスブックの一番大事な個所を読み落とすか、わざと無視しています。「外交を語る資格はない」と書いた直前の文章で、

「あの時田中均局長の判断が通っていたら5人の被害者や子供たちはいまだに北朝鮮に閉じ込められていた事でしょう。外交官として決定的判断ミスと言えるでしょう。それ以前の問題かもしれません。そもそも彼は交渉記録を一部残していいいいいいいいいいません」

と書かれていました（傍点筆者）。

この大事な一文をまったく取り上げないとなると、田中氏を中心にして、朝日、野党がどこまで陰湿な形でグルになっているのかと勘ぐってしまいます。

安倍首相がフェイスブック上で、直接、行政府の長として「交渉記録を残していない」と書いたのにもかかわらず、野党やマスコミは田中氏を批判したことだけを取り上げ、

安倍首相がどういう点を根拠にして批判したのかの重要ポイントは無視を決め込みました。

安倍首相に対しての批判は野党だけではありませんでした。自民党の小泉進次郎氏は、安倍首相に対して自制を求める発言をしていました。こういう発言をする進次郎氏を見るにつけ、彼はポピュリストで、本質をとらえることができない人だなという思いを拭い去ることができません。

ちなみに、このやり取りのあと、拉致被害者の有本恵子さんの父、明弘さんと私が電話で話をした際のことです。明弘さんは、

「メディアが田中氏に語らせるのは悔しい。外交官が自分でチョンボをしておいて、反省もせず、首相に文句を言う。田中氏は被害者家族と顔を合わせもしない。細野氏は野党だから、まだいいねん。でも、小泉氏が言うのはいかん。当時のことを何もわかっていない」

と怒りをにじませていました。

小泉進次郎氏の父、純一郎元首相が、田中氏を重用し、北朝鮮との交渉に当たらせたのは事実です。それを差し引いても、親子で安倍政権への批判を続けていることには、

違和感を覚えざるを得ません。

さらに田中氏は、一時帰国した拉致被害者を、一旦北朝鮮に戻すべきだと主張していました。田中氏自身は「そんなことを言っていない」と反論していますが、当時、田中氏と直接この問題を議論した人たちの多くが、「田中氏は議論の過程で、帰国者は一度、北に戻すべきだと言っていた」と証言していますから、疑いようがありません。

安倍首相のフェイスブックを受けて、菅義偉官房長官の記者会見で記者が、「記録の一部は残っていないのか」と質問したこともありました。菅氏は「そういう見解だ」と真っすぐ答えたのですが、この発言もまた、どこの新聞社もろくに記事として取り上げていないのです。自分に都合の悪いことは「見ざる、聞かざる、言わざる」がマスコミの正体だとしたら情けない話です。

二〇一三年七月の参院選に際して、日本記者クラブで、党首討論会が開かれたときのことです。安倍首相に対する質疑応答で、記者クラブ側がやはり安倍首相の田中氏批判にかみつきました。

それを受けて安倍首相は、

「小泉純一郎元首相が訪朝する前の田中氏の記録が二回分残っていない。本人に確かめたら『知らない』と言われた。外交官として間違っている。外交官の基本を踏み外していておかしいじゃないか、というのが私の正義感だ」

と明言しています。しかし、この発言も記事になっていません。紛失している外交文書があることを国民に知らせたくないからでしょうか。自分たちがこの問題をずっと報じてこなかったので、いまさら取り上げるのはばつが悪いとでも思ったのでしょうか。

その後も、田中氏は米朝交渉や日朝関係について、講演会などでのうのうと偉そうに持論を述べています。でも、メディアはその発言についての矛盾点を追及もせず、さもなくば大々的に取り上げることがあります。本末転倒も甚だしいと言わざるを得ません。日本の言論空間は一体どうなっているのでしょうか。

ところが、二〇一八年六月、立憲民主党の風間直樹氏が、珍しくこの問題を国会で取り上げました。

風間氏　「（二〇〇二年の小泉純一郎首相の初訪朝）当時の交渉担当者は、二回分の外交交渉記録を外務省に残していないとの国会答弁がある。安倍晋三首相も『彼は交渉記録を一部残していない』と（二〇一三年六月の）フェイスブックで批判している。公電が欠落している二回の交渉で、当時の担当者が北朝鮮と何を約束したか知っているか」

安倍首相「ご指摘の部分は記録が存在していないため、当時の田中均外務省アジア大洋州局長が北朝鮮とどのような交渉を行い、何を約束したかについては、残念ながら承知していない」

風間氏「国交正常化の際に、日本から一兆円規模の経済協力資金を提供するとの合意が図られ文書も交わされたと耳にしている。抜け落ちた公電にはこの部分が記載されていたと思うが、日朝間にそういう約束はあるのか」

安倍首相「日朝平壌宣言自体、北朝鮮に行く飛行機の中で見せられた。交渉過程、宣言作成過程については全く承知していない」

このやり取りを聞いたとき、私は思わず立憲民主党を見直しました。ところが、私がしばらく注意深く見守っていたところ、立憲民主党を含む野党の議員が、この問題について記者会見やぶら下がり会見で言及することは一切ありませんでした。

繰り返しますが、モリ・カケがらみの文書の改ざんなどについて、それほど重要な問題として取り上げるのなら、なぜ、この外交文書欠落については取り上げないのでしょうか。

ちなみに、NHK出身で外交ジャーナリストの手嶋龍一《てしまりゅういち》氏は、『ウルトラ・ダラー』（新潮文庫）という小説を書いています。この中で、おそらく田中氏がモデルだと考えられる瀧澤勲アジア大洋州局長なる人物が登場します。日朝交渉を取り仕切っているのですが、瀧澤が交渉記録を作成していないことに気づいた登場人物が、次のように憤りを示します。

「外交官としてもっとも忌《い》むべき背徳を、しかも意図してやっていた者がいた」

これを読んで非常に驚きました。おそらく手嶋氏も、私と同ルートかどうかわかりませんが、同じ情報を得て、あえて自分の小説の中で指摘したのだと思います。

デタラメな根拠

田中氏をずっと持ち上げ続ける記事を載せていたら、田中氏に重大な過失があったとしても、指摘することを躊躇する。あるいは北朝鮮に宥和的な考え方に依拠する……これこそ今のマスコミの在り方を象徴していると思います。元文科次官の前川喜平氏に対するのと同じ対応ではないでしょうか。文科省の違法な天下りの元締だった前川氏について、野党もマスコミは当初は批判していたのに、前川氏がいわゆるリベラル派として安倍首相批判を展開し出した途端、前川氏をヒーロー扱いしたのと同じです。

前川氏が現職時代から風俗店通いを続けていようと、座右の銘が「面従腹背」という異様な考えの持ち主であろうと、「反安倍無罪」であり、安倍首相を貶めることにつながるのであれば何でもありがたがるのです。

慰安婦問題にも通じる問題です。手前ミソですが、慰安婦募集の強制性を認めた河野談話の根拠になったとされる、政府が行った韓国の元慰安婦十六人の聞き取り調査の記録を、約四半世紀ぶりに手に入れて、産経新聞一面トップで私は報じたことがあります（二〇一三年十月十六日）。

しかし、この調査記録は後にＴＢＳが小さく報じたほか、どこも報じませんでした。確かに入手困難な記録ではあったのですが、私が手に入れることができたのだから、各社も本気になって動けば、入手できた可能性は十分あったと思います。

聞き取り調査記録を読むと、慰安婦の名前すらはっきり書かれていません。朝鮮半島では重視される出身地もわからない、慰安婦施設がなかった場所で働いていたと証言している、時系列がデタラメ……。しかも、ペラ紙数枚で、大臣決裁印なども押されていない。こんないい加減な記録に基づいて河野談話が発せられていたのです。

面白いことに、この記録は河野洋平官房長官のとき封印され、次の内閣の外政審議室長も見せてもらえなかったそうです。見られたら、いかにいい加減なものか、その実態が暴かれることを恐れたのでしょう。外務省の最高幹部も、私に「いつか見せてよ」と言ってきたほどです。

今まで河野談話を礼賛していた各メディアからすると、顔色を失う結果になりかねなかったので、あえて忌避《きひ》したとしか思えません。読者に事実を伝えることよりも、自分たちの立場を守ることのほうが大事なのでしょう。

私はこの翌年（二〇一四年）、「河野談話は日韓合作である」という記事を書きました。在日の韓国大使館とファックスでやり取りをした記録を入手したのですが、韓国側から多くの赤字を入れられてきたのを、日本側はほとんど受け入れたと言われています。この事実についても、マスコミ各社は取材していません。

安倍内閣になって「河野談話」の検証チームが結成され、経緯を調査しましたが、私が書いた記事通りの検証結果が出ています。野党も、当時の民主党議員を含めて、数人から「話が聞きたい」と要請され説明しに行ったことがあります。「これは重要な問題だ」と言いつつ、彼らが国会で取り上げたり、追及したフシはまったく見られませんでした。

中国・韓国・北朝鮮という国に対しては、与野党、メディア全体で非常に微温湯《ぬるまゆ》的になる傾向があると思います。

日朝正常化議連の不穏な動き

米朝会談の進展を受けてか、約十年ぶりに活動を再開した日朝正常化議連（正式名：日朝国交正常化推進議員連盟。会長＝自民党・江藤征士郎氏）が、北朝鮮に対して宥和的な発言を始めています。金丸信氏の訪朝団の時代、金丸氏の自宅の金庫から見つかった金塊に対して「北朝鮮製ではないか」と言われました。今は、北朝鮮も経済力が弱く、そんな利権もないはずなのに、北への批判的な発言を手控える雰囲気が往々にしてあります。

日朝正常化議連の会合に招いた講師の顔ぶれからして、尋常ではありません。二〇一八年六月二十一日の会合の講師は、田中均氏や、朝鮮総連の機関紙『朝鮮新報』の金志《キムジ》永《ヨン》・平壌《ピョンヤン》支局長でした。このときは石破茂氏も顔を見せています。

さらに七月十一日の会合に講師として呼んだのは、元外務省国際情報局長の孫崎享《まごさきうける》氏です。孫崎氏は日本固有の領土である尖閣諸島や竹島に関して、それぞれ中国、韓国寄りの持論を説き、鳩山由紀夫元首相のブレーンとされています。

この講師の選定を見ても、日朝正常化議連のある種の意図や意思が垣間見えて仕方がありません。政府も日朝正常化議連の動きには不快感を示していますし、ある政府高官は「日本を売る行為だ」とまで述べています。自民党の二階俊博幹事長や岸田文雄政調会長、竹下亘総務会長らも顧問として名を連ねていますが、経緯をよく理解した上で参加したのかどうか怪しい。

肝心の米朝交渉ですが、結論から言えば、あまり進捗していない状況です。日朝交渉も水面下ではいろいろと調整中のようですが、八月二十八日に北に拘束されていた日本人男性が国外追放処分になり〝解放〟されたのは一歩前進と見ることも可能でしょう。

とはいえ、そういう処置も、日本側からすれば、「北朝鮮はそれほど甘い国ではない」と完全に想定の範囲内として受け止めています。

何が北朝鮮の足を引っぱっているのか。その一つに、金英哲《キムヨンチョル》朝鮮労働党副委員長・統一戦線部長の存在があげられます。彼が対日強硬路線を維持している。

金正恩《キムジョンウン》氏は妹・金与正《キムヨジョン》氏も含めて、非核化をはじめとしてアメリカの軍門に降るしかない、そうしなければ金一家の命運も危ういと考えていると思われます。

トランプ氏との会談時でも、相当前向きな発言を繰り返し、安倍首相と会ってもいいと述べている。これは金氏の本音だと思います。

しかし、非核化を進めるとなると、そのプロセスの中に拉致解決も含まれる。誰かがその責任を問われる場面も出てくるでしょう。拉致を推進したのは金英哲率いる統一戦線部だと言われています。となれば、そのトップである金英哲は、自分が粛清・懲罰の対象になる可能性が非常に高いと見ているのかもしれません。だから、非核化への道に対して断固反対の意思を示しているのです。

北朝鮮国内で、二分するような勢力争いが続いている間は、何も動きがないと見るのは当然です。もしかしたら、軍事クーデターが起こる可能性だってある。トランプ氏との我慢比べの様相も呈しています。米朝交渉も、ポンペオ国務長官の突然の訪朝中止など、予断を許しません。

一方、日本政府側はまったく焦っていません。ただ、金英哲に対しては外務省ルートだけではなく、政府独自のルートからも接触を図っていると言われています。

安倍首相はこのところ、北朝鮮に対してあまり強い発言をしていません。日朝首脳会談を睨《にら》んで、差し控えている状況です。

もしかしたら、安倍首相が総裁選で敗けるかもしれないと北朝鮮（＋朝日新聞）は期待していたかもしれません。その結果を見るまでは、〝朝日《ちようにち》交渉〟はしないと考えていたことでしょう。しかし、〝安倍大勝〟を見て、否応なく北も腰を上げるしかない。

九条改正と拉致被害者全員救出――この公約実現に向けて、安倍首相はさらに前進していくことになります。

第四章

中国の「軍拡」「歴史カード」と闘う

アベノミクスで日本経済は回復

第二章でも少し触れましたし、安倍首相の周囲も言っていますが、「首相は近現代史に非常に詳しい」のです。なるほど、さもありなんと納得したのですが、考えてみれば、近現代史は安倍家のファミリーヒストリーでもあるからです。大叔父の佐藤栄作元首相も含め、一族や親戚の歩みを振り返れば、それがそのまま日本の近現代史となるのです。

安倍首相自身はよく、祖父である元首相、岸信介《きしのぶすけ》氏と比べられます。「昭和の妖怪」と謳《うた》われた岸氏は、確かに老獪《ろうかい》な政治家でしたが、日本の保守本道を守り、戦後の混乱期を脱する役割を果たしました。

安倍首相を「極右だ」「偏頗《へんぱ》な愛国主義者だ」と批判する向きが多いのも、岸氏との関連が大であるとも言えますが、それはあまりにも皮相な見方ではないでしょうか。岸氏は六〇年安保闘争を静め、戦後の日本の礎を築いたと言っても過言ではありません。当時も朝日新聞は、安保反対の立場をとっていたところ、東大生の活動家・樺美智子《かんばみちこ》の死によって一八〇度態度を豹変《ひょうへん》させたわけですが――。

その安倍政権も、二〇二一年まで続くことがほぼ確定しました。来夏の参院選の結果がどうであれ、衆院での三分の二を二〇二一年秋までは維持しているのですから。

これまでの安倍政権の成果を考えるには、まずは、前段階として三年三カ月続いた民主党政権に着目するべきです。私が思うに民主党政権の最大の功績は、「首相は誰がやっても同じというわけではない」ということを国民に知らしめたことではないでしょうか。

以前は「首相は誰がやっても同じだ」という国民のシニカルな目が根強くありましたが、鳩山由紀夫、菅直人という二人の首相による治世を経験したことで見方が一八〇度変わった。首相次第で国が滅びる可能性があることを如実に実感できたのです。

日本人は良くも悪くも忘れやすいので、民主党政権時代の記憶も徐々に薄らいできていますが、民主党政権よりは自民党政権がマシだと感じているのも事実でしょう。

安倍政権の支持率は増減がありますが、おおむね五割ほどです。ここまで支持されている理由は、一つは経済、もう一つに北朝鮮情勢をはじめとする国際環境が挙げられるでしょう。それとは別に、もう一つ、安倍首相のことが好きか嫌いかは別にして、民主党政権よりいい――この考え方が底支えになっているに違いありません。

安倍政権発足以降、経済指標はすべて良くなっています。

総務省の発表によると（二〇一八年八月三十一日付）、完全失業率は二・五％で二十四年ぶりの低さです。七月三十一日に厚労省がまとめた有効求人倍率は一・六二倍で、四十三年ぶりの高水準が続いています。

安倍政権の五年間で、実質ＧＤＰは三十六兆円、名目ＧＤＰは五十六兆円、企業の経常利益は二十六兆五千億円増えています。訪日外国人客数は千五百万人増えて、その分の消費額も二兆七千億円増えました。あわせて、自殺者と格差も減って縮まっています。大学・高校の就職率は過去最高。年金運用益も六十兆円を超えています。

国民には景気の実感がないと言われていますが、バブルのときでも、みんながみんな、実感していたわけではありません。執拗にアベノミクスを批判し続ける経済学者らがいますが、恥ずかしくないのでしょうか。

この数字を見てもわかるように、国際的に日本の影響力・発信力が増したことが非常に大きいと思います。

存在感の大きい日本になぜなれたのか

まして、北朝鮮情勢や中国との対峙など、さまざまな外交的問題があるときに、弱い日本ではなく、存在感のある日本になったことは非常に大きい。彼らに対抗するために、アメリカと手を強く握ることが大切だったわけですが、オバマ前大統領は、第二次安倍内閣が発足したとき、明らかに安倍首相を勘違いで警戒し、遠ざけていました。米紙でも「極右政権誕生」「歴史修正主義者」などと新聞でも書きたてられていたわけですから。

ところが、結局、広島と真珠湾の相互訪問をし、米上下両院合同演説で歴史的和解を実現しました。この演説では、米民主党議員が聞きながら涙を流していたのが印象的でした。オバマ大統領は友人が少なく、世界で孤立しやすい存在でしたが、安倍首相を頼りにするようになった。

トランプ大統領になって、さらに関係が深まり、世界中が日本を一目置く存在として認めています。二〇一八年四月に、米紙タイムが発表した「世界で最も影響力のある100人」に、安倍首相が選ばれたのは象徴的です。選評でオーストラリアのターンブル首相（当時）は安倍首相について、「強いリーダーで粘り強く勇気がある」「他者の意見に耳を傾ける柔軟性も持つ」と絶賛していました。

さらに、安倍首相は一方の雄であるロシアのプーチン大統領とも親密関係を築いています。世界各国の首脳で、在任期間の長いドイツのメルケル首相を除いて、これほどプーチン大統領と会談した人はいません。トランプ大統領に至っては、安倍首相は、前述したように、まるで顧問か指南役、ブレーンのような存在になっています。

日本の歴史を振り返ってみて、このような状況が、かつてあったでしょうか。中曽根康弘首相のとき、ロナルド・レーガン大統領と「ロン・ヤス」関係を築きましたが、日本は国際的に発信力や影響力があったとは言えません。小泉純一郎首相のときは、世界各国と〝それなりに〟いい関係を築いていましたが、〝それなりに〟止まりです。

さらに言えば、民主党政権の鳩山由紀夫、菅直人、野田佳彦の三代に至っては、国際関係を壊すことしかしていませんでした。この政権の間に、日米はむろんのこと、日中・日韓関係は最悪になったのです。

なぜ、最悪になったのかと言えば、日本とアメリカの関係が壊れていったため、中韓は日本を軽視するようになり、ぞんざいな扱いの対象になったのです。アジア外交重視を掲げた民主党政権下で、対中韓関係が最悪になったというのは皮肉です。

安倍首相は再登板後、「地球儀を俯瞰《ふかん》する外交」を掲げ、延べ百四十四の国・地域を訪問し、国内外で各国首脳との会談を五百五十回以上重ねてきました。

意味不明の東アジア共同体構想を唱えた揚げ句、米軍普天間基地（沖縄県宜野湾市）の移設問題で迷走し、日米関係を悪化させた鳩山首相時代とは隔世の感があります。

民主党政権は特に初期には、党内で最大の実力者だった小沢一郎幹事長が、同盟国である米国と、日本に多数の弾道ミサイルを向ける中国を同列に扱う「日米中正三角形論」も唱えていました。同盟の意味も国際関係もまったくわかっていなかったのです。これでアメリカが日本に対して不信感を強めました。

また、民主党政権時代は中国と問題が発生したら、中国しか目に入らない。韓国と問題が起きたら、韓国しか見ない。俯瞰《ふかん》するということができない。地球儀を俯瞰するという発想自体が存在しない。

韓国という国は、日米、日中の関係が良くなれば絶対に後から黙ってついてくる国家です。その理屈がわからないから、先の「東アジア共同体構想」をぶち上げてみたり、前述の「日米中正三角形論」を提言し、日米関係をズタズタにして、アメリカと離反した日本は弱いとばかりに中国がつけ入る隙をどんどんつくってしまった。その後、韓国は中国に乗じて、歴史問題などで対日攻勢を強めたわけです。

安倍首相は、中韓と問題が起こったら、ほかの国々と手を結び、相手が折れていくよようにさせる。当たり前の外交ゲームを安倍首相は実行できるわけですが、それがほかの首相はできなかったのです。もともと日本の政治家には、国内では偉ぶっていても外国に行くとからっきしという内弁慶タイプが多かったこともあります。

当時、私は知人の外交官からこんなことを訴えられました。

「もともとアメリカは韓国よりもはるかに日本を重視していたのに、民主党政権時代に同等か韓国以下の扱いになってしまった」

安倍首相は、ぼろぼろになったアメリカとの外交関係を復活させたかった。その一つが、安全保障上の強化であり、もう一つが、歴史問題の完全な和解だったのです。そしてそれをやり遂げました。

安倍第一次政権のとき、安倍首相は「戦後レジームからの脱却」を謳いました。このフレーズは「意味が分かりにくい」と不評だったので現在は封印していますが、基本は何も変わっていないと言えます。

歴史問題での話し合いにピリオドを打った

「戦後レジーム」という言葉は、さまざまな捉え方ができると思います。「占領体制」という遺物とも言えるし、憲法や公務員制度、教育……といったGHQが敷いた路線のことだとも言えます。

もう一つは、世界的に見ると、戦勝国と敗戦国の枠組みだと思います。戦後七十年、中国・韓国が盛んに言ってきたのは、「戦後の枠組みを守れ」という言葉でした。中国・韓国は実は戦勝国でも何でもありません。中国共産党は戦時中、日本軍に対してはゲリラ戦ぐらいしかやっていませんし、韓国はそもそも日本の一部でした。それなのに日本に対して「敗戦国に留まれ」とは露骨に言えませんが、結局、同じことを言ってきているわけです。

その枠組みを、安倍首相はずっと変えようとしてきたのだと思います。戦後七十年談話を発表するときにも、「あの戦争には何ら関わりのない、私たちの子や孫、そしてその先の世代の子どもたちに、謝罪を続ける宿命を背負わせてはなりません」と述べている。「自分たちの代で謝罪は終わりだ」と明言したのです。

さらに非常に戦略的だったのは、安倍首相本人は「歴史修正主義者だ」「危険な愛国主義者だ」と言われがちなので、みなが手本にしているドイツの元大統領ワイツゼッカーの演説、一九八五年の「荒れ野の四十年」を参考にした。それはこういう言葉でした。

「今日の人口の大部分はあの当時子供だったか、まだ生まれていませんでした。この人たちは自らが手を下していない行為について自らの罪を告白することはできません」

「ドイツ人であるというだけの理由で、粗布の質素な服を身にまとって悔い改めるのを期待することは、感情をもった人間にできることではありません。しかしながら先人は彼らに容易ならざる遺産を残したのであります」

これがワイツゼッカー演説の骨格なのですが、安倍首相はこの演説の論理を援用したわけです。安倍首相は周囲に「安倍談話を否定する者は、ワイツゼッカー演説を否定するのと同じだ」と言っていました。ところが、多くの日本のメディアは、安倍首相の意図を理解できず、無視することになった。

あるいは、今まで自分たちが称賛してきたワイツゼッカー演説との類似を認めると、安倍談話もほめなければ矛盾することになるので、わざと知らん顔をしたのかもしれません。

安倍首相も相当考えて、中国や韓国が一方的でナンセンスな謝罪を求めることに対して、「日本だけが悪いという形にしない」ことを強調しました。あるいは、西洋列強の植民地支配の文脈や、世界中が弱肉強食の時代であったという文脈で取り入れて、批判側の人間もうまく取り込む形に成功したのです。

七十年談話が発表された後、ベトナムの外相が安倍首相に会ったとき、「あの談話を批判する国があれば、そのほうがおかしい」と話したそうです。それに先立つ米両院議会で演説をしたときには、共和党・民主党両方の議員が、みなスタンディングオベーションをしました。彼らは演説後、安倍首相に駆け寄り、握手攻めのみならず「歴史問題で謝罪はもういい」ということをくり返し言ったわけです。

安倍政権が発足してしばらくは、オバマ大統領は戦後の処理について日本に問題提起していましたが、それもなくなったのです。これらは、安倍首相の勝利だと言えます。

アメリカは当初、「日韓問題に関しては、日本のほうが大国でお兄ちゃんなのだから、韓国が慰安婦などであれだけ言うのだから、少しくらいは譲ってやれ」というスタンスだった。ところが、安倍首相はオバマ氏との会談時などに粘り強く説明を重ね、さらに尋常ではない韓国の要求の中身がアメリカ側に認識されるようになり、もはやアメリカとの歴史問題での話し合いは終わったと結論づけたわけです。

そうなると、中国・韓国は、単独で歴史問題を持ち出すのが、だんだん厳しくなっていきます。まだまだ言い続けてはいますが、慰安婦問題の「日韓合意」に関する韓国側の検証（日韓の間で非公開の合意があった。その中の一つが「性奴隷」の用語を使わない——。それを文在寅氏が暴露した）が発表され、明らかになったことがあります。

無用な譲歩をしない巧みな外交手腕

興味深いのは、二〇一五年に日韓合意が発表されるか、されないかというときに、私は政府高官から「韓国側に性奴隷という表現は使わないことを約束させた」と聞きました。「おお、すごいじゃないか」と思ったのを覚えています。しかし、その後、実際の発表文書を読んだり、当時の官房副長官だった世耕弘成氏のブリーフィングを聞いたりしても、その点はまるで言及されませんでした。

「あの約束はどうなったのか」と思っていたのですが、真相は外相同士の〝裏合意〟だったのです。裏であっても、日本は合意すべきことをちゃんと合意していたわけです。この合意の裏には、アメリカも大きな役割を果たしているのは確かです。

アメリカと和解できたから、アメリカは日韓の立会い人になり、合意の証人にもなってくれたわけです。これも安倍首相の地球儀外交の効果だと思います。

日韓合意で十億円を支払うことになったとき、国内から相当反対の声が上がりました。韓国側が具体的な行動をしていないのに、日本側ばかり行動したらただ乗りされると批判の声もありましたが、安倍首相はいろいろと検討していたのです。

当初は、韓国側が何かアクションを取った後にしようと考えていたようです。あるとき、私が「さっさと払ったほうがいいです」と言ったら、安倍首相も「私もだんだんそう思うようになったんだよね」と返してきました。

日本側が先に約束を果たすことで、逆に韓国側を追い詰めていく。韓国が日本に対してよく使う言葉を拝借すれば、「道徳的に優位に立つ」というわけです。これにより、慰安婦合意は、日韓間の政治問題ではなく、韓国の国内問題に収斂《しゅうれん》させることができた。だからこそ、河野太郎外相は韓国の外相、康京和《カンギョンファ》氏に対して「国民感情は納得していないと言うが、それをさせるのがあなたの仕事だ」と強く言えたわけです。韓国側はあとになって十億円を返すだの何だのと言っていましたが、安倍首相は当初から、それも見越して「絶対に受けとらない」と話していました。

私は「手切れ金」という表現を使用したのですが、その後、安倍首相も何回か同じ言葉を使用していました。安倍首相も同じ感覚を「十億円」に対して抱いていたのでしょう。

第二次安倍内閣発足当時、韓国の朴槿恵《パククネ》元大統領や、中国の習近平国家主席は、日本が歴史問題で具体的なアクションをとらない限り、あるいは、尖閣問題で譲らない限り、首脳会談はしないと明言していました。

ところが、安倍首相が「じゃあ、いいですよ」と世界を渡り歩いて、中韓以外の世界各国と関係を深めていくうちに、とうとう中韓のほうが孤立していき折れてきたのです。

結局、日本が両国に何の譲歩もしないままで、首脳会談は実現しました。

歴史問題は匍匐《ほふく》前進で行くしかない

安倍首相の地球儀外交は、一連の法案成立についても関連づけることができます。

「特定秘密保護法」を内閣支持率一〇ポイント落としてまで成立させました。私見ではザル法としか思えませんし、この法律で実際に公務員が捕まるとも考えられませんが、その実質的にはあまり意味のない法整備のために、政権の体力である内閣支持率を一〇ポイント落とすのも、相当な覚悟だと言えます。

この法案を成立させることで、アメリカ、カナダ、オーストラリア、ニュージーランド、イギリス、そしてアメリカの同盟国であるイスラエルなどの国から、さまざまな情報を入手できるようになりました。

日本は長年にわたり、各国から公務員に対して守秘義務の刑事罰則がない日本のような国に、重要情報は渡せないと言われ続けていたからです。

この法案と対になっているのが、安全保障関連法です。集団的自衛権をごく限定的ながら認める。片務的といわれた日米同盟の双務性を高めることで、アメリカに対して、一歩対等に近づいて物が言えるようになる。それと同時に、日米関係がそのまま強化されていく。

このときも、内閣支持率は五～六ポイント下がりました。こんな法案成立を目指すことをしなければ、内閣支持率が下がることもなく、楽をすることができます。しかし、安倍政権は、朝日新聞などマスコミや野党から批判されるとわかり切っていることをやり遂げ、あえて、政治的なリスクを取ってきたわけです。

「共謀罪」（正式名称はテロ等準備罪）もリスクを取りましたが、国際社会の要請があったからこそ、法案を成立させたのです。

ただ、この法案も「ザル法だから、あまり意味がありません」と警察庁は嫌がっていました。ザル法であっても、国際社会に対しては日本もきちんとテロ対策を取っているというメッセージとなるのです。

ところが、マスコミはそんな緩い法律であるのに、過剰に「危険だ、危険だ、戦前への逆コースだ」とキャンペーンを張りました。しかし、この法案が成立することで、国際社会から信用されるようになり、国際組織犯罪防止条約に加盟することができたわけです。

安倍首相は、常に国際社会と日本の関係を見据えて、最適な一手や、国際社会では常識的で当たり前のことであるのに日本では異端扱いされて批判されることを、ひるまずに実行してきたといえるのです。

一方で、証拠もなく慰安婦連行の強制性を認めた河野談話の見直しは、結局しませんでした。その代わり、河野談話の成立過程を検証し、実質的に中身がなく、くだらない談話であることを、白日の下に晒したのです。この一連のやり方についても、安倍首相のリアリストの一面が垣間見えます。

安倍首相がよく言う言葉に「歴史問題は匍匐《ほふく》前進で行くしかない」があります。短兵急にことを急いでも、かえって反発を呼び、誤解を招いて頓挫してしまう。それよりも、コツコツ積み重ねていったほうがいいと考えているのです。「河野談話は破棄する」と言ったほうが、一時的には多くの保守系の支持者から賛同を得られるでしょう。河野談話の欺瞞性をよく知る安倍首相自身も、破棄したほうが気持ちがすっきりしたことだろうと思います。

しかし、国際社会からは「なんだ、この国は。約束も守れないのか。対外的に出したメッセージは嘘なのか」と軽蔑の眼差しを受けることになりかねません。それでは慰安婦の「日韓合意」の〝密約〟を勝手に暴露し、再交渉を要求する韓国と同じようなことになってしまいます。そうはしなかった。その観点からも、安倍首相は、非常に大局的な視点で、物事をとらえていることがよくわかります。

劇薬ではなく、漢方薬のようにじわじわと効く政治手法

第一次安倍政権のときに、安倍首相は「自分は小泉さんのように一度に効く劇薬ではなく、じわじわといつの間にか効果が出てくる漢方薬のような政治手法をとる」とよく

言っていました。

日本において安定政権が長く続くことは、非常に意義が大きいということも、国民の間でわかってきていると思います。海外の投資家は、例外なく安倍政権の長期継続を望んでいます。さらなる改革、規制緩和を実施してほしいという要望はあるにせよです。日本の安定は、投資環境において何よりも大きいことなのです。だからこそ、株価にも反映しているのです。株価の上昇は即座に国民生活に直結するわけではないと言われますが、株価が高いことで年金運用基金の利回りが上がるわけです。安倍政権になって、六十兆円を超える利益を上げています。

年金運用基金が潤沢であるということは、高齢者世代にとってもありがたい話です。時系列で見ると、株価が上昇し始めたのは、安倍政権発足直後ではありません。自民党総裁選で安倍首相が勝利したときから、もう上がり始めていたのです。政権発足時から株価は二倍になったとよく言われますが、二〇一二年九月の総裁選から数字を数えたほうが適しています。そうすると、なんと三倍近くまで上がっています。

安倍首相は政治と霞が関との関係も変えています。

朝日新聞は繰り返し「安倍一強が悪い」という論調の記事を書いていますが、じゃあ、財務省の言いなりになっていればいいのかという話です。少子高齢化対策、教育費無償化対策もあって、二〇一九年秋には消費税を一〇%に上げることになりそうですが、過去増税を延期したことは、日本経済、国民生活にとってプラスに働いたと言えます。

だいたい「安倍一強」「独裁者だ」などの批判も、まったく見当違いではないでしょうか。独裁者であれば、とっくの昔に憲法改正を実施していますから。中国では習近平国家主席が、国家主席の任期制限をなくす改憲を実現しています。こういうのを「一強」というのではないでしょうか。

エポックメイキング

先述したように、過去二回にわたって、消費税増税を先送りしたのは、日本経済にとって大きい決断ではなかったかと思います。マスコミはたいてい財務省に洗脳されていますから、「約束通り、きちんと消費増税するべきだ」と書いていましたが、徐々にそういうことを言わなくなりました。

後になって振り返ってみると、「ああ、あそこがエポックメイキングだった」と思うことはたくさんあります。

G7の首脳は個性が強く、言いたい放題のような面々でサミットではよく議論の収拾がつかなくなります。そんなときに、安倍首相が折衷案を提示すると、みんなホッとして、「じゃあ、それで行こう」となる。「日本式の和をもって尊しとなす、は結構有効なんだよ」と安倍首相自身が言っていましたから。しかしこれがうまくいくのも、安倍首相の日頃の言動や見識が、各国首脳から信頼されているからでもあります。

外国人訪日客数が増えている理由の一つに、日本が国際社会で存在感が増していることも大きいのです。経済の復調という面もありますが、それだけでは来ません。早坂隆氏の『新・世界の日本人ジョーク集』(中公新書ラクレ)によると、安倍首相に対するジョークが非常に増えています。これも、安倍首相の存在感が世界的に大きくなっている証拠だと言えます。

鳩山由紀夫氏や菅直人氏は、〝どこに出しても恥ずかしい首相〟だったと言えます。菅内閣の経済産業相だった海江田万里氏は、民主党政権が終わった後、正確な引用ではありませんが、自著の中で「三・一一のあと、サルコジ仏大統領が来日したとき、首相官邸で首脳会談があり、私も同席した。菅さんはずっと英単語カードのような形のメモ帳をめくりながら、ずっと下を向いて挨拶していたから、途中からサルコジ大統領は呆れて、随員とおしゃべりを始めた。本当に恥ずかしかった」という趣旨のことを書いています。

これは民主党政権だけではなく、その前の自民党政権でも、同じように官僚の作ったメモを棒読みする首相や閣僚は存在していたと思います。しかし、昔よりも首脳外交の比重、重要性が増した現代では、とても通用するやり方ではありません。

九条はいつ改正されるか

「日本の首相は顔が見えない」という批判もかつてはありましたが、今はそんな言葉はまったく聞かれません。むしろ、世界各国の人々が安倍首相に会いたがります。二〇一七年十一月のAPECのときは、安倍首相とバイ（二国間）会談を申し込んだ国は、十四カ国もありました。事務方は対応しきれず、悲鳴を上げていたそうです。

安倍首相はどうして成功しているのか、なぜ、選挙に強いのか、どうしたら内政がうまくいくのか、トランプ米大統領とどのように付き合っているのか、どのような会話をしているのか……。これらのことを、みな知りたがっているのです。

安倍首相は「オール・オア・ナッシング（全てか無か）」の手法は選びません。そのときは小さな成果に見えても、取れるものは取れるときに必ず取ります。それがたとえ小さな一歩でも、積み重なっていけば大きくなる。そういう発想なのです。

憲法改正については、安倍首相はそもそも二〇一八年秋に、衆院選と国民投票を二つ同時に実施しようというアイデアも持っていました。二〇一八年十月、衆議院議員の任期が満了となる。それまでに国民投票を実施しなければ、三分の二が維持できない、と。

ところが、二〇一七年に衆院選を前倒しして断行することになり、再び与党で三分の二の議席を確保することができました。しかも、任期は四年延びたわけです。この状況になると、無理して二〇一八年に国民投票を実施するメリットがなくなりました。

国会で時間をかけて丁寧な質疑をしたなど、そういう実績を形成するためにも、二〇一九年七月の参院選に国民投票をぶつける。そこから逆算して、選挙前の通常国会で憲法改正を発議する可能性も出てきました。あるいは二〇二〇年のオリンピックイヤー前半に国民投票を持ってくるかもしれません。安倍さん自身は、総裁選出馬にあたって、この秋の臨時国会で党の改正案提出を考えていると表明しています。

ただ、悲観するわけではありませんが、憲法改正は非常に厳しい状況です。

憲法に自衛隊を明記することは、国民は理解をすると思います。世論調査でも五九％が賛成としています（『産経新聞』二〇一七年十一月十四日付）。内閣府の二〇一五年と二〇一八年の世論調査でも、国民の九割が自衛隊を「評価」しているし、昨今の災害対応に奔走する姿を見ても、国民が自衛隊明記に拒否反応を示すとは考えにくい。

ところが、その憲法改正を安倍政権のもとでやらせるのかとなれば、途端に「反対」意見が増えてしまう（『朝日新聞』二〇一七年十月二十三日、二十四日付）。この国民感情はどこから生まれるのか、推し量ることは難しいですが、そのあたりの現実を踏まえるとなると、安倍首相も慎重にならざるを得ない。

世論調査は、質問の仕方や順番、「枕詞」に何と添えるかでも結果が違ってくるので一概には言えませんが、国民投票で否決されることは何としても避けたいと思えば、やはり調査結果を重視せざるを得ません。来年夏の参院選で勝利しても、国民投票で万が一否決されたら内閣総辞職に追い込まれかねません。誰だって、そんな不名誉な形で内閣総辞職はしたくないでしょう。

安倍首相自身、一時に比べて「憲法改正」を口にしなくなりました。モリ・カケ問題で内閣支持率が下落したとき、「自ら言わないほうがいいのではないか。粛々と議論を積み重ねたほうがいいだろう」という考えに切り替えたのではないかと思います。今回の自民党総裁選に当たって、その封印を解きましたが、今後も折々の情勢や世論を見つつ進めることになります。

しかし、改憲は自民党の党是であり、公約の重要項目の一つとして掲げています。そのうえで総裁選でも勝利した。これは自民党内で安倍首相が提唱した自衛隊明記論の正当性を高め、勢いをつけることになるのは間違いない。マスコミは憲法改正を阻止しようとネガティブキャンペーンを展開するでしょうが、それに屈することはありません。モリ・カケ報道で低迷していた支持率も回復してきています。ただ、軽率に憲法改正を推し進めることはしないでしょう。

世論の流れを慎重に見据えながら、国民投票を実施するベストな機会をうかがうでしょう。独裁者でも何でもないので当然のことです。

第一次政権時代の教育基本法改正のときも同じだった。安倍首相は本当は改正案に、「愛国心」という言葉をストレートに入れたかったのですが、公明党との協議で「国を愛する態度」という言葉になったプロセスを尊重しました。名より実をとったのです。

その結果、回りくどく非常に半端な言葉になったかもしれませんが、実質的に教育現場では〝愛国心〟を涵養《かんよう》できるようになったのは事実です。

長射程の「空対地ミサイル」を自衛隊機に配備する件でも、誰がどう見ても「敵基地攻撃能力」なのですが、そのようには言いません。政治家の仕事は、理想論を唱えることではありません。それは評論家や学者に任せておけばいい。政治家はそうではなくて現実に向き合い、できることを確実に実行するのが責務でしょう。

こうした政治手法を誤魔化しだと批判する人間もいますが、正論を唱えれば物事がうまく運ぶなどということはありません。

安倍首相は二〇一八年九月の総裁選で大勝し、そして二〇二〇年夏の東京五輪、二〇二一年秋の任期満了まではしっかり務められるつもりですが、その後は、まったく公務につく意思はないようです。

もし二〇一九年十一月まで安倍さんが首相を務めていれば、憲政史上、首相在職で通算日数トップの桂太郎氏を抜くことになります（二〇一八年九月末現在で、安倍政権の通算日数は二千四百七十三日と歴代五位。一位の桂政権は二千八百八十六日）。

安倍政権の課題をあげるとしたら、長期化に伴う有権者の「飽き」が指摘できると思います。今回の自民党総裁選で石破茂氏が一定の党員票を獲得したのも、日本人は飽きっぽいから仕方がないなと思いますが、安倍首相と安倍長期安定政権が日本にとっていかに財産であるか、有権者もそこにもっと気づいたほうがいいのです。

第五章

ポスト安倍は誰か？
石破復活はあるのか？

政界は権謀術数《けんぼうじゅつすう》の世界

自民党総裁選は、事実上、次の首相を選ぶ選挙——つまり、究極の権力闘争の場です。夏の高校野球のように「スポーツマンシップにのっとり正々堂々戦うことを誓います」というキレイごとで済む世界ではないのです。

ともあれ、政治部記者は「政局ばかり書いているじゃないか。もっと政策の勉強をしろ」と批判されることがあります。耳が痛い部分もありますが、個人の人間関係や、発言力の影響などで政治が動くことがとても多い。政策も政局の一部であると言われるゆえんです。ある議員がある政策を打ち出したときには、それを党内の地位や影響力増大にどう結び付けるかを考えているからです。政敵への牽制の側面もある。

権謀術数が渦巻き、政局によって政治が動いていく——この事実を政治家ですらよく分かっていない部分があるのではないでしょうか。

今回、総裁選に出馬し、敗れた石破茂元幹事長もそうです。石破氏は出馬前の講演会などで、

「（自民党総裁選挙のあとの内閣改造や党役員人事について）『終わったあとは干してやる』とか、『冷や飯を覚悟しろ』というのはパワハラだ。自民党はそんな政党ではなかったはずだ。みんな同志なのだから、終わったら『冷や飯』も何もあったものではない」

と述べていました。でも、この言葉は過去の歴史を振り返ると大間違いです。自民党はずっとそういう政党であり、政治とは、そういう非情な世界なのです。石破氏はこんな情けないことを言うべきではありませんでした。政権与党を批判する材料が欲しい野党を喜ばせ、利するばかりでした。

民間企業だったらどうでしょうか。取締役会で一人の役員が立ち上がって、社長の解任動議を出したとしましょう。否決されて「じゃあ、もとのように仲良くやりましょう」と言っても、元の鞘《さや》に収まることはあり得ません。普通はクビです。冷や飯を食わされたからといって、それは覚悟の上でしょう。批判を繰り返しても、負け犬の遠吠えに過ぎないのです。

現に石破氏は安倍首相の防衛相のポスト打診を蹴りつつ、地方創生担当大臣を務めました。その後、再三の要請があったにもかかわらず、役職就任を固辞していた。どう見ても、安倍首相に叛旗を翻《ひるがえ》しているではありませんか。にもかかわらず「冷遇するな」

と批判するのはお門違いも甚だしい。

さらに、石破氏の言動について、総裁選出馬前からさまざまなところから批判の声が出始めていました。それは石破派内の議員もそうでした。

冷や飯食うぐらいの覚悟もないのか！

はっきりと言い切ったのが、麻生太郎副総理兼財務相です。麻生氏は石破氏のことを「派閥やめようと言ったの、誰だったっけな？　あんた（石破氏）が言い始めた言葉なんじゃないか。それで『無派閥の会』というものをつくって、そして、それを『石破派』に変えたんでしょ。全然言ってることとやってることが違う」と批判していました。

また、総裁選投開票前日の九月十九日に、東京・秋葉原で安倍首相とともに行った街頭演説では、こう述べています。これが本当でしょう。

「皆さん思い出して下さい。七年前、安倍晋三候補の後を受けて、麻生太郎と福田康夫候補と二人で総裁選挙を争ったことがあります。麻生派はたったの十五人。後は全派閥福田候補だった。その時に、私は何と言ったか、今でも覚えています。『間違いなく、俺に付いてくる人は必ず冷や飯を食います』と。冷や飯食うこと覚悟で付いてくる人だけ、一緒にお願いします。そう申し上げて付いてきたもらった人が安倍晋三、中川昭一、菅義偉、甘利明。我々は間違いなく、その一年間、残り一年間全く無役で終わりました。いいじゃないですか」

「冷や飯は冷や飯なりにうまい食い方があります。焼きめしにしたってうまい、お茶漬けにしたってうまい。冷や飯は冷や飯なりの食い方があるのだとそう申し上げて明るく選挙をやらせてもらった。今、いろいろな冷や飯を食わせるなとか何とかかんとか言っている人たちがいるみたいですけど、覚悟が足りないんだ覚悟が。冷や飯食うぐらいの覚悟を持って戦って当たり前でしょうが。そういう覚悟のない人に、我々は日本という国の舵取りを任せるわけにはいかない」

もともと、麻生氏は石破氏のことを評価し、可愛がっていた時期もありました。私自身、自民党政調副会長時代の石破氏から、当時上司にあたった麻生氏によくしてもらっていると聞いたことがあります。ところが、麻生政権の末期、リーマンショックに端を発した世界的不況のあおりを受け、麻生氏の景気対策に不満が高まり、「麻生降ろし」の風が吹き始めた。離党者が相次ぎ、自民党がボロボロになっていく中で、麻生氏はなんとか踏ん張ろうとしていました。

ところが、当時、農林水産相だった石破氏も流れに乗り、麻生氏に「支持率が急落し、離党者が続出しています。やめてください」と進言に及んだのです。

こんなことを面と向かって言われたら、麻生氏だって不愉快極まりないでしょう。そこから二人は袂《たもと》を分かつようになったのです。

政治の世界は人情で動く

六年前の総裁選のときも石破氏は、麻生氏から言わせると義理人情に欠けると言われても仕方がないことをしている。その当時、自民党総裁は谷垣禎一元財務相でした。野党だったので、次の総裁に選ばれたところで、必ずしも首相になれるわけではありませんでした。

谷垣氏と同じ派閥の自民党幹事長だった石原伸晃《のぶてる》氏が、長老の青木幹雄《みきお》氏（元参院議員会長）や古賀誠元幹事長に担《かつ》がれて、総裁選出馬を決めました。当時、石原氏は党のナンバーツーであり、党役員から何人も出馬するのはよくないと谷垣氏は立候補を断念した。

つまり、石原氏は親分に砂をかけたという形になったのです。それは谷垣総裁に政調会長に任命された石破氏も似た部分があります。

ここで麻生氏が発信した言葉が決定打になりました。

「石原を支援するという人の神経がよく分からないんだけども。石原さんという人の出馬があったからこそ谷垣が出られなくなったんじゃないの？　石原っていう人は幹事長には谷垣さんがしてくれた。だと思うね。石破の政調会長は谷垣さんがした。俺の記憶ではそうなんだけど。それがそれぞれに、石原、石破、揃って〝反谷垣〟という形になって出馬するって言うのは、私の渡世《とせい》の考え方から言ったら考えられんな」

と批判し、安倍支持を表明しました。麻生氏はよくヤクザ映画に出てくる「渡世」という言葉を使いますが、その通り政治の世界は人情、人間関係に左右されます。ちなみに、安倍首相も任侠モノの映画が大変好きで詳しいのです。

ただ、現職だった谷垣氏の辞退により、総裁のポストが空いた。だから、五人の候補者（安倍晋三、石原伸晃、石破茂、町村信孝、林芳正）が立候補することになった。最終的に安倍首相が石破氏を決選投票の末に破り、自民党総裁に選ばれました。それから三カ月後の、二〇一二年十二月に民主党から自民党に政権交代し、第二次安倍内閣が発足したのです。

このときは、「よーいドン」で同じ地点からスタートしての競争でしたから、事後の候補者同士の確執も比較的少ない。

ところが、今回（二〇一八年九月）の総裁選は、現職の首相がすでにいます。安倍首相は「現職がいるのに総裁選に出るというのは、現職の総理をやめろと言っているのに等しい」と述べています。それだけの覚悟が石破氏にあったとは思えませんが、どうでしょうか。

岸田文雄氏も、今回の総裁選では大失敗しています。遅れに遅れて安倍首相支持を表明した。この初動の遅れによって、岸田氏の優柔不断さ、決断力不足を満天下に示すことになってしまった。

岸田氏は安倍内閣で五年間、外務大臣を務め、その後、「党の役職が欲しい」と言って政調会長のポストをもらいました。ところが、その恩義を忘れたかのような今回の体たらくです。耳を疑うような話ですが、岸田氏は安倍首相に直接「私が出たほうが安倍首相にとっても、よくはありませんか」と聞いたそうです。

早い時期に、安倍首相支持を打ち出して岸田派をまとめていたら、安倍首相も恩義を感じただろうし、「やはり、自分の次は岸田さんかな」と思ったはずです。ところが、今回の岸田氏のフラフラした態度を見て「岸田氏では日本を任せることはできない」と考えを改めるようになったのではないでしょうか。厳しい言い方をすれば、「首相の器ではない」ということです。

マキャベリの『君主論』に「紛争の渦中《かちゅう》にある国は必ず、周囲の友好関係にない国に中立を求め、友好国には武力支援を求める。優柔不断な君主は、当座の危険を避けようとして、たいてい中立の道を選び、たいてい失敗する」という言葉があります。また、こんな言葉も残しています。

「わたしは断言してもよいが、中立を保つことは、あまり有効な選択ではないと思う。とくに、仮想にしろ現実にしろ敵が存在し、その敵よりも弱体である場合は、効果がないどころか有害だ。中立でいると、勝者にとっては敵になるだけでなく、敗者にとっても助けてくれなかったということで敵視されるのがオチなのだ」

古今東西、政治の世界では、中立は得策ではありません。政治や国際関係の場においては、双方に一長一短があろうとも、どちらか一方を選択しなければなりません。その選択ができなければ、誰からも評価されることはないのです。

そういうことが、傍から見ていて明々白々なのに、多くの政治家は、そういった行動が取れません。疑問に思うところです。

「一致結束・箱弁当」はもはや昔のこと

一九九九年の総裁選のとき、当時の首相は小渕恵三氏でした。小渕氏は当時、自民党のプリンスと呼ばれ、ポスト小渕の最有力候補だった加藤紘一氏に「僕の次はどう考えても君なんだから、今回は出馬を断念してくれ」と要請した。にもかかわらず、加藤氏は出馬を決めました。たとえ及ばずとも、「ポスト小渕」をアピールする絶好の場と考えたからです。

この加藤氏の行為を小渕氏は、とんでもない裏切り行為だと受け止めました。結局、総裁選で、加藤氏は敗北しますが、そこで「甘さ」を露呈します。小渕氏は「君は、僕を追い落とそうとしたじゃないか」と激怒し、その後の人事で、加藤氏とその側近を徹底的に冷遇しました。加藤氏は「こんなはずじゃなかった」と顔色《がんしょく》を失いましたが、当然の措置です。「宏池会《こうちかい》はやっぱりお公家《くげ》集団だな」と周囲は笑ったものです。

さらに、加藤氏はその後、森喜朗内閣のときに「加藤の乱」を起こします。野党が森内閣不信任決議案を提出することに同調して、山崎拓氏らとともに不信任案の賛成票を入れようとしました。

議席数の関係で、加藤派と山崎派が一致団結していれば、不信任案が通るところだったのです。永田町に緊張が走りました。私は当時、森内閣の安倍官房副長官番として、政局の行方を追っていました。

このとき、加藤・山崎派の議員を切り崩して、押さえつけたのが「平成研究会（平成研。自民党の派閥の一つ。現在は竹下亘《わたる》派）」でした。さらに、加藤派に所属していた谷垣禎一氏による「加藤先生は大将なんだから！　独りで突撃なんてダメですよ！　加藤先生が動く時は俺たちだってついていくんだから！」と涙の慰留《いりゅう》によって、不信任案には賛成票を投じませんでした（棄権）。しかし、その後、加藤氏は目立ったポストにつくことなく、秘書のスキャンダルもあって離党・復党しながら、政治家として日の当たる道を歩むことはありませんでした。

当時の平成研は「一致結束・箱弁当」と言われるほど、固い結束力があった。森内閣の官房副長官だった安倍首相は当時、「やっぱり平成研はすごい。政局ではこう動くのかと勉強になる」と話していました。平成研にはそういう凄みがありました。

その後、十八年を経て、平成研、つまり竹下派はまったく違う団体になってしまった。自民党の派閥は、かつてのように親分が白と言ったらカラスも白だと主張する集団ではなくなっています。

今回、竹下氏は議員引退後も参院のドンである青木幹雄さんとの会談を経て、石破支持に回ることになりました。しかし、派閥の意見をまとめきれず、衆院議員はほとんどが安倍支持に回り、実質上の自主投票にせざるを得なくなった。

また、竹下派で、「ヒゲの佐藤」と言われる元自衛官の佐藤正久参院議員は憲法観を理由に安倍支持を表明しました。

一方で、派閥の中で有力議員である吉田博美《ひろみ》参院議員は、石破氏支持に回りました。実は吉田氏は安倍首相のことが大好きで、できれば安倍首相支持に回りたかった。

ですが、「親分を裏切ったら、一生人を裏切る人間と見られる。心情的には安倍首相を支持したいが、私にはできない」と、心ならずも青木氏の意向に従ったと聞きます。安倍首相にも「今回は石破氏支持に回ります」と仁義を切っている。

政治とは、かように属人的に義理人情や好き嫌いで動くものなのです。

竹下亘、小泉進次郎、斎藤健の三氏のピント外れの発言

総裁選をめぐって、竹下氏の言動について疑問に思うことが多々ありました。たとえば、「来年の参院選で勝つのは相当厳しい戦いだ。党内が安倍一強ではないことを示すことが大事だ。だから石破氏を推す」と述べています。まったく意味がわかりません。自民党が安倍一色ではないことを見せられてよかったという人もいますが、党が割れている姿をさらすことに何の利点があるのでしょうか。

朝日新聞も「安倍一強はよくない」と、それこそ何百回と書いている。八月二十七日社説でも「森友・加計学園の問題に、正面から向き合うことが大前提である」と指摘し、さもなくば総裁選で大勝しても「来年夏の参院選などで厳しいしっぺ返しがありうると覚悟すべきだ」と脅迫していました。しかし、今ほど、政治の世界で「一強」が求めら

れる時代はありません。日本の周辺国を見てください。トランプ米大統領、ロシアのプーチン大統領、中国の習近平国家主席、北朝鮮の金正恩《キムジョンウン》朝鮮労働党委員長……みな一強です。こういった国々に立ち向かうには、強力なリーダーシップが必要とされます。

また長期政権化による飽きの部分も、よく指摘されます。ですが、プーチン氏は十八年、ドイツのメルケル首相は十三年、トップの座にいます。アメリカの大統領ですら二期務めれば八年。安倍内閣の五年八カ月など、まだまだ短いと言えます。ところが、竹下氏をはじめとした自民党内、特に小泉進次郎氏は朝日に同調したような言説をしています。ピント外れの発言としか思えません。

さらに、竹下氏は「たまたま国政選挙に五回続けて勝っている安倍首相の選挙の強さが、安倍政権を維持しているわけで、国政選挙に負けたらその時点で終わり。政治の世界は厳しい」とも述べている。この発言には正直、驚きました。

「たまたま五回続けて勝つ」ことなんて、そう簡単にできるでしょうか。国会議員にとって選挙がすべてです。安倍政権の国政選挙五連勝、しかもすべて圧勝という成果は、過去に前例がない快挙です。なぜ、選挙に勝つことがすべての原点である議員が、ここまで選挙に強い首相であるにもかかわらず辞めさせようとするのか。

マスコミが好んで使う言葉を引用すれば、果たして今回、総裁選を行う「大義名分」はあったのかとすら思います。二〇一七年の衆院選時には、マスコミは安倍首相の衆院解散・総選挙の断行について盛んに「大義なき解散」と書き立てましたが、今回はそういう声は全く聞こえませんでした。

竹下氏は派閥の長として偉そうなことを言っていますが、復興相や国対委員長、総務会長という役職に就けたのは安倍首相です。安倍首相のおかげで枢要なポストに就いてきたのに、批判を繰り返すのは理解に苦しみます。筋道を通すべきではありませんか。

安倍内閣の農水相であったのに、安倍首相を支持する議員から「石破氏を支持するなら圧力を書け」と圧力を受けた発言した斎藤健氏にも呆れました。本来、進退伺いを出してから石破氏支持を言うべきところを、いい歳をして「脅かされた」と泣き言を言うとは。自民党議員たちが軽くなり、アマチュアになっているのではないかと危惧します。

そもそも来年の参院選は本当に厳しい情勢なのでしょうか。確かに、野党が統一候補を立てることができたら、自民党が相当苦戦することは予想できます。その場合、公明党と合わせて憲法改正に必要な三分の二を確保することは厳しいでしょう。

ただ、昨今の動静を見ると、国民民主党が連合の保守系の旧同盟・民間労組系を押さえており、立憲民主党が連合内左派系の官公労である自治労・日教組の票を集めているので綺麗に分裂しています。立憲民主党は統一候補を立てることに未練があるでしょうが、国民民主党と組む気はないとも言っています。もともと考え方も利害も異なる民間労組と官公労が一緒に、同一政党を支援することには無理があるのです。

この情勢をうまく利用すれば、統一候補を立てることを妨げることは十分できます。そうなると、思いのほか、自民党が優勢な選挙になる可能性も十分あります。もちろん、簡単ではないでしょうが、こういった情勢を竹下氏がどう理解し、どんな展望を持っているのかよく分かりません。

抽象的な政策内容

石破氏は「正直で公正、謙虚で丁寧な政治を」を当初スローガンに掲げました。そして、「官邸の信頼回復」や「国会運営の改善」を謳《うた》いました。その言葉の裏にはモリ・カケ問題を念頭に置いていたのでしょう。しかし、モリ・カケ問題の本質はどうなのか。本書ですでに論じたように、まったくの冤罪であり、安倍首相とその周辺の人々に対して重大な人権侵害であることが明白になっています。

その証拠に、二〇一七年十月の衆院選で自民党が大勝したのを見ると、モリ・カケ問題は投票行動の指針になっていなかった。テレビのワイドショーを賑《にぎ》わすことはできても、有権者の投票行動に影響を及ぼしていないのです。それよりも景気回復や北朝鮮危機、社会保障、日本の針路を何より気にかけていたのが実情です。

野党の支持率低下が何よりの証拠じゃありませんか。モリ・カケ問題ばかりを国会で取り上げて、結局、何一つ成果が上がらない。挙げ句に二〇一八年五月前後には、国会を十八連休するていたらくに、国民から多くの批判が出ました。

このように見ると「来年の参院選は安倍首相だと戦えない」と批判するのは、まったく理解に苦しみます。じゃあ、石破氏であれば優位に戦えたのでしょうか。その根拠はどこにあるのか。石破氏であれば、国会運営も順調で外交も経済もよくなるのか。少しは真面目に考えたほうがいい。

もちろん、石破氏には優れた点があります。たとえば、勉強家であり、弁が立つことです。民主党政権時代、国会で石破さんが質問に立つと、閣僚席が明らかに動揺していました。閣僚たちは「どうか自分に質問しないでくれ」という様子で緊張していました。

石破さんの追及は、それほど迫力があった。

二〇一〇年十月の衆院予算委員会では、尖閣諸島（沖縄県石垣市）沖での中国漁船衝突事件の映像公開を拒んでいた弁護士出身の仙谷由人官房長官に質問し、ひとつひとつ理詰めで追い詰め、映像公開の道を開きました。

そうした部分は大いに評価しますが、だからといって、国民一般に石破氏の人気が高まっているかといったら、何とも言えません。

石破氏の『政策至上主義』（新潮新書）を読みましたし、政策発表もみましたが、正直な感想としては、抽象的な内容に終始しているとの印象を受けました。敗戦を機に、今後、さらなる肉付けをしていくのか、注目すべきところでしょう。

憲法改正案にしても、石破氏の「戦力の不保持を定めた二項を削除して、国防軍創設」は確かに正論です。そのほうがすっきりする。でも、それでは公明党が首を縦に振ることはありません。安倍首相はかつて「石破氏は、だったら公明党を説得してから言ってくれ」と述べていましたが、石破氏のそういった〝現実感覚〟をほかの議員がどのように判断したのか。そこのところを十分自省することが石破氏には求められます。

「この問題は、今回の総裁選で決着をつけようと思っている。二項削除は自民党内にも反対論者がおり、どんなに努力しても国会で三分の二に達しない」

総裁選の最中、安倍首相は周囲にこう決意を語りました。総裁選で大勝することによって自身が提唱した九条の現行条文を残しつつ、新たに自衛隊を明記する案の正当性を高め、自民党が一体となって憲法改正に突き進もうということでしょう。

「安倍圧勝」を認めない朝日

二〇一八年八月末に発表された各社の世論調査によれば、安倍内閣の支持率は依然四割あります。読売調査（二〇一六年八月二十七日付）では五〇％の大台に乗りました（不支持率は四〇％）。自民党支持率は四〇％。野党第一党の立憲民主党はわずか四％の支持率。消費税の半分なのです。ほかの野党も、国民民主党、維新の会はそれぞれ一％。公明、共産はそれぞれ二％。野党は合わせても（消費税の）八％なのです。もちろん無党派層の動向には注意が必要ですが、とにかく今、〝自民党の顔〟を代える理由はまったくないのです。モリ・カケ問題では、安倍首相や昭恵夫人や官僚たちが詐欺罪や収賄・贈賄罪に問われたわけでもありません。〝忖度《そんたく》罪〟というのがあるとすれば、官僚は別の話でしょうが、それにしたって官僚が本当に安倍首相を忖度したかは疑わしい。

ともあれ、九月二十日の総裁選で、安倍首相は、石破氏に圧勝しました。朝日新聞などは二十一日付で、「「圧勝できず政権運営に影」「崩れた圧勝」などと書きましたが、議員票の八割強、全体でも七割弱の票を獲得したのですから、圧勝というほかありません。

六年前のときは、安倍首相は雌伏《しふく》期間で、難病によって一年で政権を投げ出した弱い政治家であるというイメージが強かった。同時に、安倍氏が所属する清和会《せいわかい》から、会長の町村信孝元官房長官が立候補していました。だから、町村氏に遠慮して、業界団体や県議会議員らに支持を働きかけることができなかったのです。

そういう状況下のため、地方票では石破氏が百六十五票、安倍首相は八十七票でした。石破さんはこの結果を受けて「自分は地方に強い」と自負していました。実際にそれ以降地方回りを熱心にしていました。

今回の総裁選でも、国会議員票は八割ほどが安倍支持でしたから、石破さんは地方票で存在感を示したいと考えていたはずです。

ですが、前回とは状況が違いました。安倍首相は地方議員を首相官邸に呼んで、勉強会を開いたり、会合に出席したりしていました。業界団体にも根回ししていた。しかも、これまでの実績も大きい。

今回、党員票では安倍首相二百二十四票、石破氏百八十一票でした。これは一見、石破氏がかなり迫ったかのように思えますが、前回と比べれば安倍首相が大きく伸ばし、石破氏は獲得率を減らしているのです。これで石破氏が「善戦」したというのは、甘い評価というべきでしょう。

安倍陣営幹部は、石破さんの「自分は地方票に強い」という幻想を打ち崩すためにも、今回の総裁選を戦う意味があると考えていました。ある陣営幹部は「こうなったら徹底的に石破を叩きのめす」とまで言っていました。そのもくろみが成功したかは評価が分かれるところでしょうし、石破さんは今回の総裁選で大敗の憂き目に遭ったものの、ポスト安倍候補の芽は残したと言えます。

勝った安倍首相側も完全に満足がいくところまではいかず、負けた石破氏側も政治生命は維持し、アンチ安倍勢力の庇護を受けることになった。権力闘争とはかくも厳しく、なかなか見通せないものです。

これからも、二十人の推薦人を集められる議員であれば、総裁選に立候補するのは誰でも自由です。ですが、一方で政治という場が非情な現実主義《リアリズム》の世界であることを知るべきです。出馬する議員は、腹をくって総裁選に臨むのが当然だろうと思います。

二〇二一年、自民党総裁(首相)となるのは?

では、これから三年後の二〇二一年秋の自民党総裁選挙には誰が立候補するでしょうか? 石破茂氏がまた出る? 当選するかどうかは別にすれば、その可能性はありますが、もう旬は過ぎてしまうのではないでしょうか。

優柔不断ではあったけれども、安倍三選にかろうじて協力した岸田文雄氏も「次は出る」と宣言していますし、出馬することでしょう。安倍首相自身としては、かつては稲田朋美(元防衛大臣)氏を後継者候補に考えていたとされましたが、日報問題などで、失速した感があります。

本書で辛口に論じた小泉進次郎氏や野田聖子氏などは一部のマスコミで好意的に論じられるでしょうが、石破氏にも及ばないひ弱さを感じます。とはいえ、政界の一寸先は闇です。何が起こるか分かりません。思いがけない人が、三年後に出てくるかもしれません。河野太郎外相も有資格者だと言えますが、部下の外務官僚をささいなことで怒鳴りつけたり、書かれた記事の細かい部分にかみついたりするところがあり、もっと宰相候補としての度量を示してほしいところです。

安倍首相としては、第一次政権で、官房副長官、第二次政権では文部科学相として仕えた下村博文氏や厚生労働相の加藤勝信氏、幹事長代行の萩生田光一氏についても期待の眼を向けています。意外な隠し玉(?)が、菅義偉官房長官かもしれません。

菅氏自身は総裁を狙う意思はないと強調していますが、安倍路線を継承し、力強く政権を運営していけるのは菅氏しかいないと注目が集まっています。

ともあれ、ポスト安倍を論じるにはまだ早いのですが、安倍路線の後継者が就くのか、それとも別の方向を向いた、路線を異にする政治家が就任するのか……。いずれにしろ、後継者は安倍首相がやってきたこと、安倍政治と比較されることは必至でしょう。

私には、外交と内政とを問わず、ここ二十数年近くの政治のさまざまな動き、トレンドの中心や源流には、常に安倍氏がいたように思えてなりません。特にこの十年余りは、安倍路線を是とするか非とするかで、各政治家の政界での立ち位置が定まってきた感があります。

これからの三年で、改憲などを含めて、安倍首相がどのような「政治遺産」を後継者に遺すのか……。任期中に行なわれるアメリカ大統領選挙(二〇二〇年秋)で、トランプ氏が再選されるかどうかも、日本の政治に大きな影響を与えるでしょう。

一人の政治記者として、これからも、日本政治のさまざまな動きを注視し続け、読者に生の情報をお伝えしていきたいと願う次第です。

第六章

朝日が仕掛けた〝安倍集団リンチ〟と闘う

（対談　長谷川煕・元朝日記者）

「坊主憎けりゃ袈裟まで憎い」

阿比留　長谷川さんの新著『偽りの報道』（ワック）を拝読して『産経新聞』のコラム「極言御免」で紹介しましたが、スペースの問題もあり、あまり触れられない部分もありました。特にBSE（狂牛病）事件での農林水産省のデタラメぶりを記した箇所は、ほとんど知らなかったので非常に深い感銘を受けました。

長谷川　ありがとうございます。森友学園への国有地貸し付け・売却に関する決裁文書類を財務省が書き換えたことで、またまたメディア、国会が大騒ぎになっていますが、いわゆる「モリ・カケ」事件のうちの「カケ」、つまり加計《かけ》学園の岡山理科大学に獣医学部が新設されるのは、その学園の理事長が安倍晋三首相の友人なので、安倍氏が行政に邪《よこしま》な介入をして、それを実現させたのではないかという無根の「加計」――安倍疑惑が朝日新聞によってつくり出され、凄まじい安倍叩きが朝日を先頭に多数のメディア、国会野党によって演じられてきました。

ご紹介いただいた本は、あの「カケ」騒動の真相をえぐったものです。

その遠景には、二〇〇〇年代初頭に日本でも発生した人畜共通病のＢＳＥをめぐる大失態も見え隠れしています。

阿比留　まさにそうですね。それと長谷川さんがインタビューされた、獣医学者・唐木《からき》英明《ひであき》氏のコメントが非常に印象深い。

「獣医師・獣医学の関係では、大学と呼んでいい世界水準の大学は日本にはないんです」と。

長谷川　そういう真実を言うので、関係学者から唐木氏は「切りて捨つる」などと斬奸《ざんかん》状で脅しをかけられたわけです（笑）。

阿比留　民進党参議院議員の桜井充《みつる》氏は、以前、加計学園が経営する岡山理科大学のことを何の根拠もなく、ロクな学校ではないと批判していましたが、唐木さんはそんなことはないと言っている。

長谷川　国立の岡山大学工学部よりよほど内容がいいと評価なさっています。

阿比留　岡山理科大学を取材したことがありますが、理念的にも教育的にも、かなりしっかりした大学だというイメージがありました。安倍さんと少しでも関係があると思われるものは何でも批判の対象にされてしまう。「坊主憎けりゃ袈裟《けさ》まで憎い」じゃないでしょうか。

書き換えはどうでもいいレベル

長谷川　朝日の報道姿勢を見ると、とにかく「安倍潰し」、その一点に焦点を当てている。

阿比留　森友文書の書き換え問題で言えば、昨年二、三月の、当時の財務省理財局長・佐川宣寿《さがわのぶひさ》氏の国会答弁の整合性をはかるためとしか思えません。つまり、忖度《そんたく》があったとしたら、その対象は佐川氏か、省全体であって、政治家ではない。

安倍首相や昭恵夫人の箇所が削られており、一面トップで報じるところもありましたが、まさに羊頭狗肉《ようとうくにく》の報道でした。昭恵夫人が登場するのは、ほんの数カ所。

安倍首相に関しては、日本会議と連携する組織「日本会議国会議員懇談会」が平成九年に設立されたとき、副会長に就任されたと「注記」されている箇所のみ。

長谷川　「モリ」への国有地売却にも安倍氏は何の関係もありません。

阿比留　ところが「削除された」と大見出しにするから、印象操作が続いていると言わざるを得ません。

もちろん決裁後に公文書を書き換えたのは非常に問題ですから、厳しく原因究明をし、膿《うみ》を出すのは当然です。でも、問題の中身があまりにも小さすぎる。国家機密レベルの箇所や、醜聞、政治の強い介入を示唆する文言が削られていたら大問題ですが、今回の書き換えはどうでもいいレベル。

これで倒閣などと本気で信じている人がいるとしたら、驚くほかありません。

安倍夫妻無関係の証明

長谷川　財務省が書き換えを認めた決裁文書類は膨大な分量ですが、その書き換えの前と後の対照に一所懸命目を通してみました。読めば読むほど、迷路にはまり込むような気持ちになるくらい、どうでもいいようなことが延々と記されている。中央官庁の地方局（財務省近畿財務局）とは、そんなに暇なのか。確かに下らない事柄の羅列ではあっても、わざわざ本省はこんなにばっさり削除しなければならなかったのか。その理由も、さっぱりわかりません（笑）。

阿比留　それに誤字が大変多いですよね。安倍首相の字が「安部」になっていたりします。お粗末すぎて笑うしかありません。

長谷川　原文をつくり、決裁したのは、財務省近畿財務局の中だと思いますが、売却価格をかなり値引きした事情について「特例的」とか「本件の特殊性」という表現が出てきます。膨大な文書の中でも、特にこの二つの文言が注目を集めているわけです。

昭恵夫人と森友学園のかかわりを巡る記述が三〜四カ所出てきますが、メディアは、この「特例的」と「本件の特殊性」という決裁文書の文言と、昭恵夫人関連の記述を明らかに絡めています。

阿比留　確かにそうですね。

長谷川　書き換えられる前の文書には、こういう箇所があるんです。

「H26・4・28（一部略）近畿財務局から豊中市に『森友学園と本財産の契約を締結することを証する』旨の文書を提出してもらいたいとの要望あり。

なお、打合せの際、『本年4月25日、安倍昭恵総理夫人を現地に案内し、夫人からは「いい土地ですから、前に進めてください」とのお言葉をいただいた』との発言あり（森友学園籠池理事長と夫人が現地の前で並んで写っている写真を提示）」

さらに、

「H27・1・8　産経新聞社のインターネット記事（産経WEST産経オンライン【関西の議論】）に森友学園が小学校運営に乗り出している旨の記事が掲載。

記事の中で、「安部首相夫人（注記：原文ママ）が森友学園に訪問した際に、学園の教育方針に感涙した旨が記載される」

最後にもう一つ、

「（参考）森友学園への議員等の来訪状況……（略）……平成26年4月　安倍昭恵総理夫人　講演・視察」

と書いてある。

しかし、これを見る限り、昭恵夫人は用地の売買問題そのことには無関係であることがむしろよく分かるし、平成二十六年四月二十五日の昭恵夫人の発言にしても、この三月十四日の参議院予算委員会での安倍首相の答弁によると、籠池泰典《かごいけやすのり》森友学園理事長（当時）側の虚言である可能性が高い。

阿比留　この文書が世に明らかになることで、逆に証明することができましたよね。

もはや中世の魔女狩りか

長谷川　そうすると「特例的」とか「本件の特殊性」とは一体何なのか、さらに疑問を抱かざるを得ません。

その用地に誕生するはずだった森友学園の小学校の名誉校長になったり、一国の首相の妻としては、昭恵夫人は余りにも不用意なところが目立つとは思いますが、それを考慮しても、件《くだん》の国有地の売買問題に関与していないことは、決裁文書からもむしろ明白になっています。決裁文書にただ名前が出され、今度はそれが削除されているからといって、それを大政治問題化するのは、非常に恐ろしいことではないでしょうか。

阿比留　西洋中世の魔女狩りのようです。昭恵夫人を魔女と決め付けて、一切の書き換え問題の原因はその魔女にあるとして火あぶりにする……。

ちなみに、昭恵夫人が発言したとされる「いい土地ですから、前に進めてください」というのは、籠池さんが証人喚問で、「いい田んぼができそうですね」と昭恵夫人から言われたと証言しています。

そうなると話はまったく違ってくる。逆に言えば、籠池さん側が適当なことを話しているという明らかな証左でしょう。

長谷川　昭恵夫人が国会に証人喚問される可能性はあるでしょうか。

阿比留　昭恵夫人の場合、言いがかりをつけられただけの話ですから、証人喚問は筋違いです。

参考人招致だとしても必要ないと思いますね。

長谷川　一主婦が、国会の場で集中砲火を浴びた場合、思ってもいないことを口走ったり、事実ではないのに認めてしまうこともあり得るという心配はありますが、一方で、国会の場に立って、筋を立てて経緯を説明し、「私は用地売買のことにはまったく関係ない。ある教育関係者の招きに応じて訪ね、講演したりしたことがどうして非難されるのですか」と、逆に堂々と言えばいいのではないかという考え方もあるでしょう。

阿比留　たとえば、昭恵夫人と籠池夫人が頻繁にメールのやり取りをしていたと報道されたことがあります。昭恵夫人から直接聞いた話ですと、あまりにもしつこくメールが来るので、ときどき、簡単な返事を書いて、しばらく放っておいたというのが実態のようです。

長谷川　尋常でない回数のメールが来ていたそうですね。
阿比留　そういう話を参考人として国会に来てもらい、テレビカメラがある前で証言したとしても、どうでしょうか。いたずらに相手を攻撃しているように見られるリスクのほうが大きい。
長谷川　確かに、どんな片言隻句《へんげんせっく》からでも人権侵害的なことを報道されないとは言えません。一度、世に出てしまえば取り返しがつかない。
阿比留　昭恵夫人自身が国会に出てくる気があるなら、それはそれで構わないと思いますけど、揚げ足取りに終始するだけで不毛な結果になるんじゃないですか。

安倍首相が命じた徹底調査

長谷川　今回の問題は、このようなだらだらとした長い決裁文書類をつくった近畿財務局というところの能力、いや意図にもかかわってくる話だと思います。なんとも驚くほど、どうでもいいようなことを含めて、細かいことが経緯として書かれている。私は安倍首相夫妻とは無縁の人間で、夫人をかばう何の義理もありませんが、良くも悪くも無邪気としか思えない昭恵夫人を悪者に仕立て倒閣騒ぎを起こしている世の手合いには強い疑問を感じます。「義によって助太刀《すけだち》いたす」という気持ちになってきます。

阿比留　「カケ」問題のときも、加計理事長が安倍首相の友人というだけで、首相は徹底的に批判されました。

長谷川　今度の書き換え問題で救いが感じられるのは、書き換えがあったかどうか、すべてを調べ上げろと指示したのが、安倍首相本人だったということです。ここは絶対に見落としてはいけない点だと思います。

阿比留　安倍首相は「全部出させる」と言っていましたので、実際に実行されたわけです。

長谷川　場合によっては、自分自身にとって、揚げ足を取られ、政争、いや進退問題にさえ国会野党に利用されるような内容が出てこないとは限らない。そこをあえて徹底調査を命じた。そんなことができたのも、安倍首相も昭恵夫人も、あの国有地売却問題はまったく身に覚えのないことだったからでしょう。大袈裟な言い方でも何でもなく、日本政府の自浄作用が働いたと断言できます。

阿比留　二〇一八年三月二日付の朝日新聞で「森友文書　書き換えの疑い」という見出しの報道がありました。それから一週間以上、音沙汰なしだったのですが、「本当にそういう事実があるのではないか」と官邸側は疑うようになった。

国土交通省からも違うものがあるのではないか、との連絡があり、官邸が改めて財務省に「どうなんだ?」と問い合わせたところ、「いや、ありません」という返答だった。

だから、今回の一件は、財務省側は相当確信犯的だったのではないかと思います。

長谷川　一件の文書を読めば読むほど疑問が湧いてきます。貸し付け・売却の経緯に無関係としか思えないようなことが、どうして一件の文書に出てくるのでしょうか。

阿比留　「特殊性」の何が特殊なのかという、肝心な点が書かれていません。「特殊性」については、本省でもある程度、周知されていたことだったのでしょう。だけど、文書化できない内容だった。

だから、そのほかの理由を補強材料としてくっつけていく中で、政治家の働きかけや安倍首相の名前も混ぜた。そういう顛末だったのではないかと思います。

国有地をめぐる謎は他にもあるではないか

長谷川　そこでなのですが、あの国有地の売買は、なぜ、公開入札にされなかったのか。

入札にし、そこに森友学園も加わっていれば、何の問題もなかったはずなんです。ところが、近畿財務局は籠池理事長と相対で取引きし、安く売らざるを得ないようにどんどん追い込まれてしまっています。そういう忸怩《じくじ》たる状況、失態を誤魔化すために、わざと昭恵夫人やほかの政治家の名前を出して、特殊っぽくしたのではないか。そういう想像もできます。

阿比留　そうすると、それは加計問題における、文科省の「総理の指示にしておけば」という文書と同じ構図かもしれません。

長谷川　今度の書き換え事件はまったく別の意味で、財務省本省内であまりにも下手くそな文面をいわば改善しようとする意図も同時に生じていたのではないでしょうか。あの書き換えは、誤解を受けることを前提にあえて言えば、「官僚の使命感」という職業本能が働いて、どんどん削っていったのでは。

つまり、近畿財務局が作成した、至るところが不要で、冗長な公文書を見て、これは何だ、きちんと直しておきたい、と。真面目なデキる官僚の本能的な職業意識として、言うならば新聞社のデスクのような気持ちになってしまって、文書を修正していく中で、それなりに整然としたものができ上がったという……。

阿比留　一つ直してみたら、玉突きでほかの場所も直すということはよくあります。ただ解せないのは、国土交通省や会計検査院も書き換えがあったことは気づいていたと証言しています。つまり、誰にでもバレるような杜撰《ずさん》なことをしながらも、官邸からの問い合わせに対しては否定し続けていた。

財務省内なのか、別の部署なのかわかりませんが、この官僚的病理はしっかりと解明しないといけません。

長谷川　つくづくおかしいのは、財務省近畿財務局の原文の過剰さ、拙《つたな》さですね。

阿比留　そこには、やはり「特殊性」という問題が横たわっていると思います。ここに関しては、『宣戦布告』（足立康史・小川榮太郎著／徳間書店）や『Ｗ・ｉ・ＬＬ』二〇一七年六月号で、足立議員が問題点を述べています。『Ｗ・ｉ・ＬＬ』を見ると、

「私は森友学園に隣接する（野田中央）公園の土地に注目しています。公園の土地は、近畿財務局の鑑定評価額が九億円に対し、豊中市の鑑定額は十四億円だった。通常であれば、ここまでの差はあり得ない。さらに十四億円の補助金が入り、結局、豊中市は二千万円で土地を入手しています。しかも、この土地の払い下げは、民主党政権の発足とともに動き出しているのです。

私は国会で『この問題は、森友学園の問題ではなくて、野田中央公園こそ疑惑のど真ん中にあるということを、その（十四億円の補助金の交付を決定した当時の国交副大臣である）辻元清美議員の疑惑を、これからも追及していく』と申し上げました。

森友学園の土地取引が怪しいと言うのであれば、野田中央公園の土地も怪しい、と言わざるを得ないのです」

と。

さらに、森友学園の国有地払い下げ問題で、「ゴミの混じった土を小学校用地の敷地内に埋めた」などと証言した作業員は、いろいろと背景が噂される関西生コン連合の人間で、しかも籠池夫人によると辻元氏が派遣したとも言われています。

とにかく、非常に根が深い問題だと言わざるを得ません。

大阪地検のリークは魔女狩りの一歩手前？

長谷川　それは深刻、重大な話です。私はいま別のあるライフワークに再着手していて、とても豊中市の現地やこの関係のことを調べている余裕がなく残念です。今回、決裁文書き換えのことは、ある官庁から朝日新聞社に情報が流れました。気になるのは、「モリ・カケ」問題のいずれも、憲法改正論議が高まる中で起こっていることです。特に「カケ」問題の場合、安倍首相が憲法改正について、いつまでにと明確な目標を掲げた直後のことでした。今回は自由民主党の中で、いま受け入れられる形での憲法改正の成案をつくりつつありました。どちらも似た時期に内部情報が特定紙に流されているのは偶然なのでしょうか。

阿比留　安倍政権が憲法改正を推し進めようとしていることに、護憲派の連中が一斉に反発して、何とか政権を潰そうとしている動きは確かにあります。

今回の問題に関して、政府与党の一致した見方は「情報源は大阪地検だ」と。では、なぜ大阪地検が朝日にリークしたのか。

それは大阪地検の誰かが護憲派であり、反安倍政権的な考え方を持っていて、朝日と結託して情報を提供したとも考えられる。

長谷川　以前は、たとえば検察庁の特捜（特別捜査部）に対して激しい取材競争がなされ、検察側も、汚職容疑の誰々の逮捕を暗に示唆することもありました。

ただし今回の場合は、情報源が本当に担当の大阪地検だとしたら、従来の検察からの漏洩とは根本から性格を異にしていると思います。政権そのものに大打撃を与えたい——そういう政治的謀略意図が捜査当局側にあったとしたら、大変な話です。仮に私が司法担当の現役記者で、この関係の取材の当事者だったら、どう扱ったか深刻に悩みます。検察の政治謀略の「共犯」にはなれませんし……。

阿比留　明確な証拠が出てくれば、情報漏えいをしたということで、検察当局も処罰の対象になるでしょう。ただ、なかなかドロを吐くことはありませんから。

長谷川　元新聞記者が何を言っているんだ、と怒られるかもしれませんが（笑）、捜査の結果、法令に基づき公訴となって一件の内容が発表され、それが報じられるのではなく、人間を牢屋《ろうや》にぶち込める権限を持った権力機関が特定紙を使って世論操作をし、そこにいくつかの国会野党が便乗する。情報を握る捜査機関がそういう政治謀略機関と化していたら、日本はどこかの国とそう違わない恐怖社会に向かってしまう。しかも、これに世の中が無感覚などころか、一緒になって魔女狩りをやる。本当にこんなことが、日本で起こってしまっていいのでしょうか。

国会の弱体化がもたらす悪影響

阿比留　もう一つ深刻なのは、報道の結果として、野党が国会を欠席することになった。四月には安倍さんは訪米してトランプさんと会談します。五月には米朝首脳会談が開かれるかもしれない。

そんな日本の外交問題を考える大切な時期に、国会を空転させていいのでしょうか。スクープはスクープで同じ記者として認めますが、一方で、何がしたいのかと思ってしまいます。

長谷川　六野党は、とにかく安倍政権に少しでも傷を負わせれば、それで勝利、バンザイということなんでしょう。

大局的に見たら、日本の国益を、そして実は人権をも大きく損なうことになるにもかかわらずです。

阿比留　野党は与党を倒すことを目的にするものですが、安倍首相自身は直接傷を受けなくても、内閣支持率が今後一〇ポイント、二〇ポイント下がったりしたら、外交力が明らかに落ちてしまいます。国内基盤が弱い政権に対して、他国は見下してくる傾向にありますから。

今回は文書管理が杜撰だったわけで、安倍首相や他の政治家が介入して、改ざんさせた事実もないし、書き換え前後の文書を見ても何も浮かび上がってきません。

ところが、世間の受け止め方は、そこが混同されているようにしか思えません。さらに、多くの新聞社はその方向へ誘導しようとしている。この状態は日本のためにならないですよ。

長谷川　このままだと日本そのものが某国化(亡国化)する危険性さえないとは言えない。

阿比留　主に先進国では政策的に与野党が戦ったり、さまざま伍することはあっても、外交・安全保障に関しては概ね一致していると言われます。ところが、日本の場合は、外交・安全保障もバラバラ。

国会自体が弱体化すると、どういう影響を諸外国に与えて、世界は日本をどう見るのか、ということに対して、あまりにも無頓着すぎます。政局的になりすぎているんです。

小泉純一郎の無責任な発言

長谷川　今度のことは、どういう結末になるんでしょうか。

阿比留　麻生さんには一定程度の監督責任は生じると思います。かといって、辞任するほどでもありません。

長谷川　混沌状態が続き、しばらくは落ち着かないとは思いますが、今後どうなるかは、メディアの影響も否めません。私の身内からも「やっぱり安倍政権はとんでもないことをしているんじゃないの？」と言われましたから（笑）。きちんと、そうではない事実関係を明確に説明しておきましたが。

阿比留　恐ろしいのは、今後、官僚が何か不祥事を犯した場合、すべて首相の責任になるのか、ということです。もちろん行政府の長ですから、まったく責任がないとは言いませんが、官僚がわざと不祥事を起こしたら、首相の首が取れる話になってしまいます。

長谷川　非常に不幸で悲劇的なことが、二つの学校法人に絡んで起きてしまったわけです。

阿比留　森友学園は多少問題があるにしても、加計学園のほうは問題のもの字もありません。この二つのことで一年以上、国会では政策論議がなおざりになり、どうでもいいことをメディアが取り上げ続けています。まさに悲劇としか言いようがありません。

長谷川　日本の周辺の国々は、今回のことの政権への影響を注視していると思います。安倍政権が弱体化することは、軍事力を一途《いちず》に大強化している周辺の国々にとってこれほど喜ばしいことはない。

阿比留　まさに日本の危機です。メディアの中にいる人間がこんなことを言うのは僭越かもしれませんが、安倍首相は二〇一七年の衆議院選のとき、北朝鮮危機と少子高齢化を国難と表現しましたが、もう一つ、メディアのあり方も国難ではないでしょうか（苦笑）。

長谷川　野党のみならず、自民党内でも妙な批判の声があがっている。

阿比留　小泉純一郎元首相はテレビで「安倍総理の答弁に合わせて、今回の書き換え問題が起こったんだ」と発言しています。極めて無責任な発言ですし、「小泉さん、引き際が肝心だという美学に反していませんか」と言いたい。

長谷川　こういった現象も何か不可解ではありませんか。

阿比留　今の自民党内には一致した意識がないと思います。
モリ・カケ問題が出てきたとき、自民党内で逸早くプロジェクトチームを立ち上げて、勉強会を開催し、どんどん反論していけばよかったのですが、そんな雰囲気は微塵《みじん》も感じられなかった。

長谷川　自民党の国会質疑も、ごく一部の議員を除いて実に粗末なものでした。

阿比留　教育機関としての派閥が弱まったことも大きいかもしれません。若手議員を切磋琢磨させたり、勉強会でバカな発言をしたら先輩議員が叱咤するとか、他派閥の台頭してきた議員同士で競わせる……などがなくなってきて、サラリーマン議員が増えてきた。

長谷川　勉強していないんですね。

阿比留　モリ・カケ問題で議員が記者団からコメントを求められたとき、適切なコメントを返してきた議員はほとんどいませんでした。
この現象は国会のみならず、日本社会全体に共通しているように思います。
財務省という官庁の中の官庁がこんな体たらくです。経団連でも大物経営者がいなくなりました。

もはや「集団リンチ」と化した「反安倍」

長谷川　日本の現代史について思考を強いられます。

阿比留　ポスト安倍候補も、ずっと世代が離れて小泉進次郎さんだと言われていますが、自分で伸《の》してくる中堅政治家がいないのです。

長谷川　小泉さん頼りでは、まったく心許ないでしょう。私の身内に言わせると、テレビなどを見ていて、与野党合わせて多くの議員が落第だと言っています。一人だけ、もしかしたらこの人は、これからの政治家としていいかもしれない、厳しく、同時に温かく育てないといけないと名指ししていましたが、それは河野太郎さんだった。

安倍政権は一強だと言われていますが、「ガラス細工の一強」ではありませんか。しかし、今のところ与野党とも、安倍氏以外に現今の国際難問を乗り切れそうな人物は見当たりません。非常に暗澹《あんたん》たる気持ちにならざるを得ません。

阿比留　隠れた人材はいるかもしれませんが、閣僚が常に同じ顔ぶれになってしまうのは、閣僚が務まるレベルの議員がそもそも少ないということでもある。民主党政権が潰れた理由はさまざまありますが、閣僚が問題発言をどんどんしてしまったことも一因です。

そういう意味で、政界は人手不足です。政界ならまだしも、日本全体がそういう傾向にあるとしたら危機意識を持ってしまいます。

長谷川　安倍内閣を支持する傾向にある若い世代の方に希望を持てるかもしれませんけども。

阿比留　先ほど「魔女狩り」と表現しましたが、もはや「集団リンチ」です。安倍政権を徹底的に叩きのめさなければ気がすまない。

「不偏不党」を捨てた朝日

長谷川　とにかく、今回の問題は一刻も早く決着をつけてほしい。モヤモヤした状態がずっと続くと、この国の精神衛生状態にとってもよくありませんから（笑）。

ところで、安倍政権はこのまま持つと思いますか。

阿比留　まったく問題ないと思いますし、安倍首相自身、「だんだん真実に落ち着いていくだろう」と周囲に話しています。むしろ、麻生さんの方が心配です。親分肌の人ですから、部下の責任は最終的に長の責任だと言い出して、一段落して辞任するかもしれません。ただ、辞任するほどの問題ではないと思いますけど。

長谷川　ある種のメディアがそれを許さないかもしれませんが、麻生氏自身がここに関与していないのなら辞任する必要はありません。

阿比留　朝日新聞と安倍内閣の相性は悪いかもしれませんが、これほど長く倒閣運動をし続けるのはいかがなものでしょうか。新聞社は放送局ではありませんから、色や思想色があるのは構いませんが、朝日の綱領には「不偏不党」と書かれているではありませんか。それは違うだろうと言いたくなります（笑）。

長谷川　さらに、どういうわけか毎日新聞が朝日に追随する傾向にあります。この二紙を合わせると九百万部くらいあるようなので、それなりの影響力を持っています。さらに関東地方にはこの二紙と同色の東京新聞もある。

朝日の東京本社に敏腕のB氏がいます。B氏は朝日新聞社の経営に対しても反骨的な人間なので、「モリ・カケ」問題に関する社内の雰囲気について話を聞こうと思って打診したところ、この問題を特に勉強しているわけでもなさそうなのに、「自分は安倍を怪しいと思う」と言われました。あのB氏ですら、そういう発言をするほど朝日社内は今や同色に染まっているのか、と思ったんです。となると、当分、朝日の状況は変わらないままなんでしょう。

阿比留　朝日はもう一度、綱領を思い出してほしいと思いますよ。

（本稿第六章は、『Ｗ・ｉＬＬ』二〇一八年五月号に掲載された元朝日記者・長谷川熙氏との対談を再録したものです）

安倍晋三の軌跡

一九五四年	九月	二十一日	安倍晋太郎と、その妻の洋子の次男として東京に生まれる
一九七七年	三月		成蹊大学法学部政治学科を卒業
一九七九年	四月		神戸製鋼所に入社
一九八二年	十一月		退社し、安倍晋太郎外相の秘書官になる
一九八七年	六月	九日	森永製菓社長・松崎昭雄の長女、昭恵と結婚する
一九九一年	五月	十五日	父・安倍晋太郎が急死
一九九三年	七月	十八日	衆議院議員選挙に山口一区から出馬して初当選
一九九六年	十一月		自民党の青年局長に就任
二〇〇〇年	七月		第二次森喜朗内閣の官房副長官に就任
二〇〇一年	四月		小泉純一郎が首相に就任し、官房副長官に再任
二〇〇二年	九月	十七日	小泉首相の訪朝に同行
二〇〇三年	九月		自民党幹事長に就任
二〇〇四年	九月		夏の参院選を受けて幹事長を辞任するも、幹事長代理に就任
二〇〇五年	九月		郵政民営化法案をめぐっての衆院解散総選挙で自民党が圧勝
	十月		第三次小泉改造内閣で官房長官として初入閣
二〇〇六年	九月	一日	自民党総裁選への出馬を表明
		二十日	麻生太郎、谷垣禎一を破って自民党総裁に就任

二〇〇六年	九月	二十六日	戦後最年少の内閣総理大臣となり、安倍第一次政権発足
	十月		就任後初外遊で中国、韓国を訪問
二〇〇七年	五月	二十八日	松岡利勝農水大臣が自殺
	七月	二十九日	参院選で自民党大敗
	九月	十二日	急きょ、退陣を表明し、翌日に慶応病院に緊急入院
二〇〇九年	八月		衆院選後、麻生太郎内閣が倒れ、民主党政権（鳩山由紀夫内閣）誕生
	十月	三日	盟友の中川昭一が急逝
二〇一二年	九月	十二日	自民党総裁選への出馬を表明
		二十六日	決選投票で石破茂に逆転し、自民党総裁に就任
	十二月	十六日	衆院選で自民党が圧勝し、政権を民主党から奪還
		二十六日	第二次安倍内閣が発足。安倍晋三首相は「危機突破内閣」と命名
二〇一三年	一月	二十二日	政府と日銀が二％の物価上昇率目標を明記した「アベノミクス」共同声明発表
	二月	十二日	北朝鮮が三回目の核実験。日本政府は独自の追加制裁決定
		二十二日	訪米した首相がオバマ大統領と初会談。強固な日米同盟を確認
	三月	十五日	首相が環太平洋戦略的経済連携協定（ＴＰＰ）への交渉参加を正式表明
	四月	四日	日銀が金融政策決定会合で「異次元の金融緩和」を決定

		二十八日	政府が「主権回復」の記念式典開催
		二十九日	首相がロシアでプーチン大統領と会談。北方領土交渉加速などを盛り込んだ共同声明発表
	七月	二十一日	参院選で自民党が六十五議席を獲得し圧勝。与党で過半数を確保し、衆参の「ねじれ」解消
	九月	七日	二〇二〇年の東京夏季五輪・パラリンピック開催が決定
	十月	一日	首相が平成二十六年四月の消費税率八％への引き上げを表明
	十一月	十五日	緊急時に在外邦人の陸上輸送を可能にする改正自衛隊法が成立
	十二月	四日	国家安全保障会議（ＮＳＣ）が発足
		六日	機密を漏らした公務員らへの罰則を強める特定秘密保護法が成立
		二十六日	首相が靖國神社を参拝。アメリカは「失望」と表明
二〇一四年	二月	二十日	石原信雄元官房副長官が衆院予算委で元慰安婦の聞き取り調査を「裏付け調査なし」と証言
	四月	一日	消費税率が五％から八％に引き上げ
		二十三日	オバマ大統領が約三年半ぶりに来日。二十四日に日米首脳会談
	六月	十三日	憲法改正の手続きを定めた改正国民投票法が成立
		二十日	政府が慰安婦募集の強制性を認めた「河野談話」作成過程の検証結果を公表
	七月	一日	政府が集団的自衛権の行使容認を閣議決定

二〇一四年	八月	五、六日	朝日新聞が五、六日の紙面で慰安婦報道について一部記事の誤りを認めるが明確な謝罪はせず
	九月	三日	第二次安倍改造内閣が発足。首相は「実行実現内閣」と命名
	十一月	九日	首相がアジア太平洋経済協力会議（APEC）首脳会議出席のため再登板後初めて訪中。十日に習近平国家主席と会談
		十八日	首相が平成二十七年十月に予定していた消費税率一〇％への引き上げの一年半延期と、衆院解散を表明。二十一日に解散
	十二月	十四日	衆院選で自民党勝利。与党で改憲発議に必要な三分の二以上維持
	十二月	二十四日	第三次安倍内閣が発足。首相は憲法改正を「歴史的なチャレンジ」と位置づけ
二〇一五年	三月	十日	独メルケル首相が七年ぶりに来日。首相と会談
	四月	二十八日	日米首脳会談で「新時代の同盟関係」を掲げた共同声明発表
		二十九日	首相が米上下両院合同会議で演説。絶賛される
	八月	十四日	戦後七十年で「安倍談話」を閣議決定
	九月	八日	首相が自民党総裁選で無投票再選
		十九日	集団的自衛権の限定的な行使を認める安全保障関連法が成立
	十月	五日	TPP交渉、米国を含む参加十二カ国が大筋合意
		七日	第三次安倍改造内閣が発足。首相は「未来へ挑戦する内閣」と位置づけ
	十一月	二日	首相が韓国の朴大統領と初会談

	十二月	十二日	首相がインドのモディ首相とニューデリーで会談。原子力協定の締結で原則合意
		二十八日	日韓外相会談で慰安婦問題の「最終的かつ不可逆的解決」に合意
		三十日	東京株式市場が大納会で十九年ぶり一万九千円台
二〇一六年	一月	六日	北朝鮮が四回目の核実験を強行
		二十九日	日銀がマイナス金利政策の導入決定
	二月	四日	日米など十二カ国がＴＰＰに署名
		十九日	政府が北朝鮮に対する独自の制裁強化措置を発動
	三月	二十七日	民主党と維新の党が合流し「民進党」結成
	四月	十四日	熊本県で震度七の地震が発生
	五月	二十六日	伊勢志摩サミット開催
		二十七日	オバマ氏が現職の米大統領として初めて被爆地・広島を訪問
	六月	一日	首相が消費税率一〇%への引き上げの二年半（三十一年十月）先送り表明
	七月	十日	参院選で前回を上回る議席を獲得
		三十一日	舛添要一東京都知事の辞職に伴う都知事選で小池百合子が当選
	八月	三日	第三次安倍内閣（第二次改造）が発足。首相は「未来チャレンジ内閣」と命名。北朝鮮がミサイル発射、初めて日本の排他的経済水域（ＥＥＺ）に落下

二〇一六年	八月	八日	天皇陛下が譲位のご意向をにじませた「おことば」をビデオメッセージで表明
		二十四日	北朝鮮が潜水艦発射弾道ミサイル（SLBM）発射、日本海に落下
	九月	一日	首相が「ロシア経済分野協力担当相」を新設、世耕弘成経済産業相を任命
		九日	北朝鮮が五回目の核実験強行
		十五日	民進党代表選で蓮舫が当選。直前に「二重国籍」を認め謝罪
	十月	二十六日	自民党が党総裁任期を「連続三期九年まで」に延長を決定
	十一月	九日	米大統領選で共和党のトランプ当選。首相は十日に電話会談、十七日にニューヨークで会談
	十二月	十五日	首相が山口県でプーチン露大統領と会談。北方領土での「共同経済活動」の実現に向け、事務レベル協議開始で合意。十六日は東京で会談
		二十七日	首相が米ハワイを訪問し、オバマ大統領と真珠湾で慰霊
二〇一七年	一月	二十日	トランプ米大統領就任。二十三日にはTPPから離脱する方針を明記した大統領令に署名
	二月	六日	実質賃金が前年比〇・七％増となり五年ぶりプラスになる
		十日	首相が訪米し、トランプ大統領就任後初の日米首脳会談。十一日にはゴルフ会談

三月	六日	北朝鮮の中距離弾道ミサイル三発が日本のEEZに落下
	二十三日	森友学園問題で国会が同学園の籠池泰典理事長を証人喚問
四月	二十日	貿易収支が四兆六十九億円の黒字となり六年ぶり黒字になる
	二十七日	首相がモスクワでプーチン大統領と会談。共同経済活動の実現に向け、日本側が官民合同の現地調査団派遣で合意
五月	三日	首相が、自民党総裁としてのメッセージ。憲法九条改正による自衛隊明記と二〇二〇年新憲法施行に意欲表明
	九日	韓国大統領選で文在寅が当選
	十九日	大卒の就職内定率（二十九年四月時点）が九七・六％と過去最高を記録
	二十八日	首相の通算在職日数が千九百八十一日となり、小泉純一郎元首相を上回り歴代五位（桂太郎、佐藤栄作、伊藤博文、吉田茂、安倍晋三）、戦後三位（佐藤栄作、吉田茂、安倍晋三）に
六月	九日	天皇陛下の譲位を可能にする特例法が成立
	十五日	共謀罪の構成要件を厳格化した「テロ等準備罪」を創設する改正組織犯罪処罰法が成立
七月	六日	首相が欧州連合（EU）のトウスク大統領、ユンケル欧州委員長とブリュッセルで会談。EUとの経済連携協定（EPA）交渉が太枠合意に連したと宣言
	十日	加計学園問題で国会が前川喜平前文部科学事務次官、加戸守行前愛媛県知事らを参考人招致

二〇一七年	七月	二十八日	正社員の有効求人倍率が一・〇一倍と初の一倍超え
	八月	三日	第三次安倍第三次改造内閣が発足。首相は「仕事人内閣」と命名
		十七日	日米同政府がトランプ政権発足後初めて外務・防衛閣僚級協議（二プラス二）を開催
		二十九日	北朝鮮が北海道上空を通過する中距離弾道ミサイルを発射
	九月	三日	北朝鮮が六回目の核実験を強行。十五日には再び北海道上空を通過する弾道ミサイルを発射
		二十日	首相が国連総会で一般討論演説を行い、北朝鮮への圧力強化を訴え
		二十五日	首相が衆院解散を表明。小池都知事が「希望の党」結党を表明
		二十八日	衆院解散。前原代表が民進党の希望の党への合流を提案、了承。しかしその後分裂状態に陥る
	十月	二十二日	衆院選で自民、公明両党で三分の二以上の議席を確保し大勝
		二十四日	日経平均株価が史上最長となる十六営業日連続の上昇を記録
	十一月	一日	第四次安倍内閣が発足。全閣僚を再任
		五日	トランプ大統領が初来日、首相とゴルフ会談。六日に日米首脳会談
		八日	景気拡大期間が平成二十四年十二月から二十九年九月まで五十八カ月となり、「いざなぎ景気」を超え戦後二位に

		九日	首相がAPEC首脳会議のためベトナム訪問。十日にプーチン大統領と、十一日に習主席と会談
		十一日	日本や豪州などTPP参加十一カ国が米国を除く新協定の大筋合意を正式発表
		二十九日	北朝鮮が弾道ミサイル発射、日本のEEZに落下。到達高度は過去最高の約四千五百キロとみられた
	十二月	一日	皇室会議で平成三十一年四月三十日の譲位が事実上決定
二〇一八年	一月	四日	東京株式市場が大発会で二十六年ぶり二万三千円台
		十一日	中国潜水艦が沖縄県・尖閣諸島周辺の接続水域内を航行するのを初確認
	二月	九日	首相が韓国・平昌で文大統領と会談
	三月	九日	森友学園問題で、文書改ざんの責任をとって佐川宣寿国税庁長官が引責辞任。二十七日には国会が佐川を証人喚問
	四月	十七日、十八日	首相が訪米しトランプ大統領と会談
		二十七日	韓国の文大統領と北朝鮮の金委員長が板門店で南北首脳会談
	五月	九日	首相が、来日した中国の李克弥首相、韓国の文大統領と都内で会談。
		二十六日	首相がモスクワでプーチン大統領と会談。共同経済活動で民間調査団派遣に合意

二〇一八年		
五月	三十一日	森友学園問題で大阪地検特捜部が佐川ら三十八人全員を不起訴処分とすることを決定
六月	七日	訪米した首相がトランプ大統領と会談。十二日の米朝首脳会談に向け対北朝鮮政策を協議
	十二日	トランプ大統領と金正恩委員長がシンガポールで史上初の米朝首脳会談を行い、共同声明に署名。トランプ大統領は会談で日本人拉致問題も提起
	二十九日	働き方改革関連法が参院で可決、成立
九月	六日	北海道で震度七の地震が発生
	二十日	総裁選挙で石破茂を破って当選
	二十四日	日経新聞世論調査で内閣支持率五五％に回復（不支持三九％）

阿比留瑠比（あびる・るい）

産経新聞論説委員兼政治部編集委員。昭和41年、福岡県出身。早稲田大学政治経済学部卒業。平成2年、産経新聞社入社。仙台総局、文化部、社会部を経て、10年から政治部。首相官邸、自由党、防衛庁、自民党、外務省などを担当、首相官邸キャップ、外務省兼遊軍担当などを歴任。25年、政治部編集委員。27年、論説委員兼政治部編集委員。著書に『偏向ざんまい GHQの魔法が解けない人たち』『だから安倍晋三政権は強い』（産経新聞出版）、『総理の誕生』（文藝春秋）など多数。

安倍晋三《あべしんぞう》の闘《たたか》い　官邸《かんてい》からの報告《ほうこく》

2018年10月23日　初版発行

著　者　阿比留 瑠比

発行者　鈴木 隆一

発行所　ワック株式会社
東京都千代田区五番町 4-5　五番町コスモビル　〒102-0076
電話　03-5226-7622
http://web-wac.co.jp/

印刷人　北島 義俊

印刷製本　大日本印刷株式会社

ISBN978-4-89831-785-3

好評既刊

さらば、自壊する韓国よ！
呉　善花
B-252

朴槿恵大統領逮捕！　韓国は、もはや北朝鮮に幻惑されて自滅するしかないのか？　来日して三十余年になる著者の透徹した眼で分析する最新の朝鮮半島情勢。

本体価格九二〇円

呆れた哀れな隣人・韓国
呉　善花・加瀬英明
B-248

「韓国はアンデルセンの『裸の王様』みたいな滑稽な国家（加瀬）」「朴槿惠は百年以上昔の閔妃の再来のようなもの（呉）」――韓国の歴史・文化の根深い恥部・後進性を暴く。

本体価格九二〇円

こんな朝日新聞に誰がした？
長谷川熙・永栄　潔
B-241

朝日新聞OBの二人が古巣をめった斬り。歴代社長・幹部社員たちの「平和ボケ」「左翼リベラル」「反知性主義」こそが元凶だと。痛快丸かじりの一冊。

本体価格九二〇円

http://web-wac.co.jp/

好評既刊

中国・中国人の品性
宮崎正弘・河添恵子
B-262

「躾」「忖度」「惻隠の情」「羞恥心」「反省」という〝ことば〟のない国。長年の共産党独裁政権によって、民度・マナー・モラルがさらに低下！　習近平体制は末期的症状。

本体価格九二〇円

韓国・韓国人の品性
古田博司
B-261

韓国人は平気でウソをつく。「卑劣」の意味が理解できない。あるのは反日ナショナリズムだけ。だから「助けず、教えず、関わらず」の非韓三原則で対処せよ！

本体価格九二〇円

韓国・北朝鮮はこうなる！
呉 善花・加藤達也
B-280

米朝会談後の韓国と北朝鮮はどうなるのか。このままだと、韓国は北に呑み込まれ、貧しい低開発国に転落してしまいかねない。その時、北東アジアの自由と平和は……

本体価格九二〇円